Gottfried Benn · Briefe

Sechster Band

Herausgegeben von
Bernd Witte

Klett-Cotta

Gottfried Benn
Briefe an Astrid Claes
1951–1956

Herausgegeben von
Bernd Witte

Klett-Cotta

Gottfried Benn
Briefe an Astrid Claes

1 Gottfried Benn an Astrid Claes

Berlin-Schöneberg
Bozener Str. 20
9 XI 51

Sehr verehrtes Fräulein Claes,
vielen Dank für Ihren Brief. Wenn Sie glauben, mich besuchen zu wollen, ist das sehr nett von Ihnen, und ich werde mich freuen, Sie kennen zu lernen. Ich bin bis zum Frühjahr sicher in Berlin. Bitte melden Sie sich vorher an.

Mit bestem Gruss
Ihr sehr ergebener
Benn.

Bitte kein Kouvert mit Briefmarken beilegen!

2 Gottfried Benn an Astrid Claes

Berlin-Schöneberg
25 XI 52

Sehr verehrtes Fräulein Claes,
ich werde mich freuen, Sie zu sehen. Bitte telefonisch Anruf: 71 20 97.

Ihr ergebener
Benn

3 Gottfried Benn an Astrid Claes

[Telegramm 24. 12. 1953]

Gruesse zu Weihnachten und Glueckwunsch zur Promotion

Gottfried Benn

4 Gottfried Benn an Astrid Claes

Berlin-Schöneberg
Bozener Str. 20
Tel.: 71 20 97

31 I 54

Sehr verehrtes Fräulein Claes,
ich weiss nicht, ob ich in nächster Zeit zu der Beantwortung Ihres Briefs und seiner Frage kommen werde, obschon mich diese Frage selber in letzter Zeit beschäftigt hat. Ich möchte aber nicht länger warten, um Ihnen nochmals meinen aufrichtigen Dank für Ihre Beschäftigung mit meinen Sachen zu sagen, meine Bewunderung für Ihre ganz erstaunlichen Kenntnisse meines sogenannten oeuvre. Ihre Methode kommt mir mathematisch vor: Aus Worten u. Einzelsätzen ziehen Sie Linien, bauen Sie Kurven, setzen Sie Thesen u. ziehen Sie Schlüsse, – eine interessante Methode, da sie jenseits der Wertung u. Verallgemeinerung steht. Einzelne ganz kleine nebensächliche Irrtümer habe ich notiert + werde sie Ihnen gelegentlich schreiben.

Im vorigen Jahr hat ein Herr Wellershoff in Bonn über meine Prosa magna cum laude promoviert, nun Sie über die

Lyrik – wohin soll ich mich wenden, wenn ich nun noch etwas Neues schreiben wollte, ich bin ja völlig vivisециert.

Es wäre sehr nett, wenn wir uns mal unterhalten könnten. Prof. Emmerich hat mich zum August zu einem Ausländerferienkurs nach Köln eingeladen u. ich habe zugesagt. Sind Sie dann dort?

Herzlichen Gruß
Ihr ergebener Benn

5 Gottfried Benn an Astrid Claes

17 IV 54.

Meine Liebe und Verehrte, jetzt weiss ich also, warum ich die letzte Zeit so oft an Sie gedacht habe, nicht an Ihre Arbeit, Ihr Manuscript –, an Ihre Person. Sie beschäftigten mich, und auch ohne Ihre Sendung hätte ich Ostern an Sie geschrieben.

Wie Sie mit mir reden! Stellen mich zur Rede! Unter Eid: als ich den Vortrag arbeitete (im November/Dezember 1953), hatte ich Ihre Arbeit nicht im Auge, kannte sie ja noch garnicht. Warum soll ich also das nicht schreiben, was ich schrieb? Dass lange Studien über einen selbst u.a. eine Schockwirkung ausüben können, wollen Sie das nicht verstehen? Und dass man über sich selbst nicht viel weiss, sondern erst über sich aus solchen Analysen einiges erfährt, auch das ist eine Erfahrung, die Sie mir eigentlich nicht vorwerfen dürfen.

Was für eine Krankheit hatten Sie? *U.A.w.g.*

Seien Sie doch nicht so streng und grausam mit einem armen Mann wie Hamlet. Glauben Sie, man kann alles beantworten? Hinter Ihrer Hauptfrage, warum man etwas publiziert, stehen mehrere Nebenfragen. Z.B.: grenzen Sie innerhalb »der Kunst« das Konventionelle von dem Elementaren ab. Das Konventionelle nimmt einen grossen Raum ein. Publicity, Geld, Ruhm – das ganze Institutionelle des Betriebs – : da es dies giebt, wird dahin geliefert. Andererseits lockt dies auch *echte* Produktion hervor; Aufträge z.B. setzen Zögerndes in Gang, bringen Notizen u. Einfälle zur Sammlung. Das gilt natürlich wohl nur für einen, der schon Blut geleckt hat, warum der Anfänger, Novize, Schüler veröffentlicht, weiss ich nicht – , bitte, verehrte Kritikerin, strenge gotische Domfigur, erlassen Sie mir weitere Bemerkungen hierzu, ich bin nicht in Stimmung, darüber zu reden.

Aber nun die Hauptsache: Ihre Verse. The Raven ist schlechthin sehr gut, geradezu verblüffend. Das ist ein richtiges *wunderbares* Gedicht. Ich wollte, es wäre von mir (»nach allem Leid« hätte ich vielleicht anders gefasst, da ja von Ihrem Leid bis dahin nichts im Gedicht gesagt und vorhanden ist), aber sonst: erstaunlich. In »Südlicher Tag« ist Vers 3 (Abend) nicht so ausdrucksvoll u. der Stimmung der vorherigen beiden Verse angegliedert. »Der Auszug« gut. »Frühling« etwas Lasker-Schüler verwand[t]. Vielleicht über anderes ein andermal. Tausend Dank!

Ihr Manuscript wollte ich, wenn Sie erlauben, über meinen Verleger in Wiesbaden (Herrn Max Niedermayer, Limes-Verlag) an Sie zurückgehn lassen. Ich [habe ihm] von der Arbeit erzählt. Er würde sie gerne kennen lernen. Darf ich? –

Ich wollte, aber ich werde nicht im August nach Köln kommen (zu Prof. Emrich, Ausländer = Ferienkurs), trete nicht mehr öffentlich auf. Habe alle Einladungen abgesagt im In= u. Ausland, habe alles satt. Ich hoffe damit wenigstens bei Ihnen vor Ihren Augen Gnade zu finden. –

Ein Herr aus Köln, der Sie kennt, sagte mir, Sie seien eine schlanke, elegante attraktive junge Dame – trifft das zu?

Würden Sie mir nicht vielleicht einmal ein Bild von sich schicken, das würde mir sehr interessant sein.

Ich hoffe, Sie verleben ein angenehmes Ostern u. haben Ihre Krankheit ganz hinter sich.

(Ich habe seit mindestens 10 Jahren keinen so langen Brief geschrieben, ich schreibe eigentlich gar keinen Brief mehr.)

Mit herzlichem Dank für
die schönen Gedichte

Ihr dankbar ergebener
Gottfried Benn

Was werden Sie nun
werden? Journalistin?
Lehrer? Politikerin?
Schriftsteller?

6 Gottfried Benn an Astrid Claes

Bln.-Schöneberg
Bozener Str. 20

21 IV 54

Meine Liebe, ich hatte wirklich an Sie gedacht (warum sollte ich es schreiben, wenn es nicht stimmte?), ich hatte sogar *beunruhigt* an Sie gedacht. Warum – werden wir beide nicht wissen.

Nach ihrem jetzigen Brief kenne ich Sie nun etwas besser, sogar ganz gut. Können Sie sich nicht denken, dass ich jenem Kölner Besuch Weihnachten Ihre Arbeit zeigte, weil ich *stolz* darauf war, aus Köln sie erhalten zu haben? Frl. G.D. hatte selber vor 2 Jahren eine längere Arbeit über meine Lyrik geschrieben und sie mir seinerzeit geschickt. Dass ich »anerkennend« über Ihre Arbeit gesprochen hätte, ist natürlich Unsinn. Über diesen Kölner Besuch könnte ich mehr schreiben, aber ich mag es nicht.

Ausgerechnet Herr Krolow! Das könnte mich fast ärgern. Er glaubt, international zu sein, wenn er viel herumreist und sich einladen lässt. Eigentlich kann er von mir nichts erzählen, ich habe in Knokke nicht ein Wort mit ihm gesprochen, ihn überhaupt nicht beachtet – aber was geht es mich an.

Ihre Krankheit: wenn anatomisch alles in Ordnung ist (kein Retroflexiv, keine entzündlichen Adnexerkrankungen usw.) kann es ja eigentlich in erster Linie nur hormonal, d. h. psychoneurotisch sein. Ich wundere mich, dass Sie nicht schreiben, bei einem Psychoanalytiker gewesen zu sein. Ich bin ganz sicher, dass es in einer anderen Lebenslage von selbst vergehen wird.

Warum wohnen Sie jetzt in Köln? Und mit welchem Recht schreiben Sie auf dem Briefpapier des Instituts? Haben Sie da eine Funktion?

Bitte noch eins zu einer Ihrer Bemerkungen: Sie sind »beruhigt«, dass ich Sie frage, ob ich Ihre Arbeit an meinen Verleger senden darf. Meinen Sie, ich betrachtete Ihre Arbeit als meinen Besitz? Oh, nein, keineswegs! So plump bin ich nicht. Ich betrachtete sie als Geschenk – dies einerseits, aber andererseits, wenn eine Arbeit fertig ist und vorliegt, ist sie nicht mehr *Ihr* Privatbesitz, gehört sie der Allgemeinheit, ist sie ein Object. Man muss sich von ihr trennen, um weiterzuleben und weiterzukommen.

Geld u. Ruhm. So war es – nicht ganz – gemeint, ich wollte nur Ihre Aufmerksamkeit auf die konventionellen u. gesellschaftlichen Seiten des Kunstproblems lenken. Aus Geld habe ich mir nie viel gemacht, musste nur so viel haben, um ohne Ärger leben zu können; habe nie ein Portemonnaie besessen, steckte immer alles in die Westentasche u. gab es ebenso aus. Wenn ich genügend zusammen hatte, ging ich davon auf Reisen, war viel auf Reisen, lebte von der Hand in den Mund u. es ging gut. Scheusslich diese Ärzte, die Ihnen soviel Geld abgenommen haben, ohne Ihnen zu helfen – alles in Allem kein Stand, der mir je sympathisch war!

Köln: Ich glaube nicht, dass ich da reden werde, habe ja Prof. E. auch schon abgeschrieben. Wenn ich es in Köln machte, müsste ich es auch in Bonn machen, wo der Auslandsdienst der Universität mich auch sehr höflich für August eingeladen hatte. Ferner habe ich abgeschrieben: Studentenschaft Basel, P.E.N. Club Florenz, Liter. Gesellschaft in Wien – ich mag nicht mehr, langweilt mich, ermüdet mich, es wäre stillos, wenn ein so exponierter Mann, wie ich es bin, erschiene u. als Werbefachmann aufträte.

Aber schreiben Sie mir bitte, wohin Sie in Italien gehn. Mit wem reisen Sie – keine insdiscrete Frage, ich meine: mit Familienangehörigen oder mit Kolleginnen u. reisen Sie zur Erholung, zum Baden zum Flirten, zum Tanzen –, können Sie italienisch?

Was für lange Briefe ich plötzlich schreibe! Ich muss nicht ganz richtig sein. Sähen Sie meinen Schreibtisch: hochgestapelt liegen da die Kouverts mit Briefen u. Manuscripten, ich schiele sie nur an, sie sind mir so sehr lästig, und Ihnen schreibe ich unaufhörlich und endlos lang.

Da Sie schrieben, The Raven sei Ihr Gesicht, las ich es eben nochmal. Sagen Sie die Wahrheit: ist das aus dem Gedicht von Poe »Die Raben«, haben Sie mir eine Falle gestellt? Es ist fast zu schön, um aus Leverkusen zu stammen. Ich kenne Poe's Gedicht nicht, habe nur viel darüber gelesen.

Leben Sie wohl. Vielleicht komme ich nach Köln. Bleiben Sie oder werden Sie gesund! Ich sehe Sie auf Ihrem Teppich sitzen und verbeuge mich mit einem Handkuss als

Ihr Gottfried Benn.

7 Gottfried Benn an Astrid Claes

24 IV 54.

Meine Liebe, Dank für den eingeschriebenen Brief. Aber das bin ich ja nun wirklich nicht wert – nicht mal das Porto! Interessant – , aber nicht überrascht bin ich, dass Sie die »Fragmente« so schockiert haben. Bin ganz Ihrer Meinung, aber man tut manchmal sonderbare Sachen gegen sich selbst, u. eine Tendenz in mir ist immer wieder: nur nicht seriös werden, nicht reif (à la Carossa), nicht edel, nur kein ungetrübter idealistischer Ruhm, immer fragwürdig bleiben – wahrscheinlich ein niedriger Zug in mir, aber er ist da.

Sie tragen also keine bunte Kleidung, also vermutlich meistens schwarz (mit weiss), sehr gut, Ihre Augen sind wohl dunkel (braun?), Ihre Grösse taxiere ich auf 169–171 cm, Ihre Taille sehr schmal, kurz: Mannequinfigur.

Prof. Emrich schrieb mir sehr nett und verständnisvoll, hofft allerdings noch, dass ich komme.

Heute nur dies. Dank für Ihre Freundschaft! Ist mir sehr viel wert!

Ihr
Gottfried Benn.

8 Gottfried Benn an Astrid Claes

11. V 54

Liebes Kindchen, ich muss schon so schreiben u. Sie so anreden, wenn Sie krank sind u. 12 Pfund abnehmen. Aber schreiben Sie doch nicht so mystisch, – was fehlt Ihnen denn, Sie beunruhigen mich schon wieder, mit wem gehn Sie denn um, wer kümmert sich denn um Sie, sicher doch zahlreiche Leute, Ladys u. Kavaliere u. Sie werden in jeder Richtung gut betreut.

Natürlich ist es schwierig, mit Ihnen zu korrespondieren, ich schlage Sie immerzu ins Gesicht, wie Sie schreiben, auch wenn ich es schmeichelhaft (wie »Raben«) meine, und dann verbieten Sie mir soviel. Nicht als ob ich das übel nähme, keineswegs, finde es – reizend, finde Sie reizend, aber schwierig.

Dank für den Poe. Kann ja kein Englisch, bin gänzlich sprachunbegabt, allerdings auch sprachunwillig, interessiere mich auch nicht im Geringsten für Übersetzungen meiner Sachen, antworte garnicht. Jetzt ist in Paris »Double Vie« (Doppelleben) erschienen, je m'en fiche, schmeisse es auf das Bücherbrett.

Wie oft fahren Sie denn nach Leverkusen? Haben Sie Ihre Eltern am Leben? Haben Sie Geschwister? Was für welche? Haben Sie reguläre Bürostunden in Ihrem Verlag? Erzählen Sie mir *irdische* Dinge von sich, wie oft lassen Sie sich das Haar waschen, leben Sie vegetarisch? Rauchen Sie Cigaretten? Welche Marke? Und in Italien wollen Sie sich die Geburt eines Kindes ansehn, ein schöner Anblick ist das nicht.

Also ich *verordne* Ihnen hiermit: viel Butter, Schlagsahne, schönes Fleisch, abends 1 Malzbier (besser: ein Salvator), früh schlafen u. wenn Sie schlecht schlafen, 1 Tabl. Phanodorm=Calcium 1/2 Stunde vor dem Zubettgehn.

So nun können Sie ruhig wieder schreiben, ich sei überaus banal – wir leben u. erhalten uns von Banalitäten, und je mehr Genie umso mehr.

Tausend Grüsse, liebe
Astrid Claes!

Ihr Gottfried Benn.

9 Gottfried Benn an Astrid Claes

[Telegramm 31. 05. 1954]

Erhielt Brief erst heute Gute Reise bitte schreiben Sie
Benn

10 Gottfried Benn an Astrid Claes

18 VI 54. 10 h abends

Liebes Fräulein Claes, es war nett, Sie am Telefon zu sprechen. Also bitte: Dienstag 29 VI Kassel, Park Hotel, Friedrichstr. 25. Wer zuerst kommt, wartet auf den andern. Ich kenne das Hotel nicht, aber ein Reisebüro hat es mir empfohlen. Ich habe Ihnen ein Zimmer schon bestellt, Sie sind mein Gast, ich lade Sie ein. Am 30. VI fahren Sie zurück nach Köln u. sind am 1 VII in Ihrem Verlag.

Reizend, dass sich diese Kombination ergibt, es ist besser als Berlin.

Tausend Grüsse, bitte springen Sie nun nicht wieder ab, wir werden uns Kassel ansehn u. hoffentlich guter Laune sein.

Ihr

G.B.

11 Gottfried Benn an Astrid Claes

19 VI 54 Sonnabend. Nachmittag.

Chère, nun kommt auch noch Ihr Brief vom 17. aus Köln, aber er kann wohl keine Verwirrung mehr stiften. Es bleibt beim 29. VI Kassel. Den Brief aus Schio [?] habe ich bekommen u. schwebte wie immer bei Ihnen in der Luft, denn auf meine Nachricht zum 25. nach Jena konnte ich kaum Antwort bekommen, da ich Ende der Woche fortreise.

Wer in Kassel zuerst ankommt, wartet auf den andren, aber nicht im Vestibül, Hotelhalle, sondern in seinem Zimmer, bis der andre ihn benachrichtigt. Sie werden ein Zimmer mit Bad haben – hoffentlich, bestellt habe ich es – Sie können also ruhen, schlafen, sich den östlichen Schmutz abwaschen, das Haar kämmen, die Lippen röten. Sie sind, bitte, von dem Augenblick an, wo Sie Kassel betreten, bitte mein Gast. Und nun: honny soi qui nicht kommt.

Viele Grüsse

Ihr

G B

und auch pflichtgemäss
werde ich am 28. abends an Sie denken – was treiben Sie da bloss? Vortrag?

12 Gottfried Benn an Astrid Claes

19. VI 54 11 h abends.

Teuerste, nun muss ich auch noch auf Ihr wirklich ein bischen unnützes Telegramm antworten. Eigentlich müsste ich antworten: Scheren Sie sich zum Teufel, aber ich antworte: 29 VI Kassel, Park Hotel.

Benn

13 Gottfried Benn an Astrid Claes

[Blumen/Karte 29. 06. 1954]

Guten Tag! Bitte rufen Sie mich an, wenn Sie mich sehen wollen, mein Zimmer ist 229.

Be.

14 Gottfried Benn an Astrid Claes

1. VII 54.

Liebe Astrid, »Delphin« ist ein ganz wunderbares Gedicht, ein unvergleichliches. Ich finde es noch grossartiger als »The Raven«. Dann kommt »die Ratten«. Missglückt »Der arme Heinrich«, die 2. Strophe zerstört es.

Auden auch sehr gut.

Kam gut hier an. Das war ein schönes Abschiedsgeschenk, dass Sie noch an das Fenster klopften!

Ich hoffe, Blumen von Ihrer Wohnungsbesorgerin standen in Ihrem Zimmer, als sie kamen, Sie nippten noch etwas Nectar u. Ambrosia u. schliefen.

Ich denke an Kassel.

Immer
Ihr

G.B.

Freuen Sie sich, dass Sie »Delphin« geschrieben haben!

15 Gottfried Benn an Astrid Claes

Sonnabend nachmittag, 3 VII 54.

Liebe Astrid, wie werden Sie diesen Sonntag verbringen? Ich vermute, Sie fahren zu Ihrer Dogge, die sich freuen wird, ihre Herrin zu sehn. Wie heisst sie?

Es ist einer jener grauen Sommertage, wie ich sie liebe, ich bin allein in der Wohnung, es ist still, kein Telefon u. Klingeln zu erwarten. Ich hause in einer Stube, die nach hinten liegt, auf den Hof, die verlasse ich selten. Dies ist meine Heimat, nach der ich mich auch auf Reisen immer sehne. Ich bin viel, viel morbider, als ich vielleicht aussehe u. vielleicht auch auf Sie wirkte. Eigentlich ist Alles längst zu Ende.

Liebste Astrid, ich habe eine Bitte: seien Sie in Ihren Briefen an mich nicht wieder und nicht mehr so erbittert u. streng u. rechthaberisch, das geht nun nicht mehr zwischen uns. Für Sie habe ich das Gesicht, das ich Ihnen zeigte, als ich Ihnen die Orangeade brachte – für andere allerdings habe ich andere Gesichter.

Ich denke weiter an Kassel u. an alle Einzelheiten, ich

wollte, es gäbe noch mehr Einzelheiten, sich zu erinnern. Vielleicht kommen noch einige hinzu, wenn wir uns wiedersehn.

Ihr

G.B.

16 Gottfried Benn an Astrid Claes

5 VII 54

Liebste Astrid, Ihr Brief vom 2. VII hat mich mit grosser Rührung erfüllt. Er ist nach Form und Inhalt genau so, wie ich ihn erhofft hatte, wie ich ihn sehr erhofft hatte.

Traurig, dass die Dogge tot ist. Ihren Namen aber schreiben Sie mir bitte doch noch.

Husten: vom Rauchen; ich setze mal eine Woche aus, dann ist es gut, aber dann fange ich wieder an u. dann fängt es wieder an. Nicht sehr wichtig.

Korrespondenz usw. Sehr gütig von Ihnen, mir helfen zu wollen, Ihre Maschinenschrift ist in der Tat vorbildlich. Aber das ist aussichtslos. Schreibtisch u. Regale wachsen aus von Briefen u. es sind nette Briefe dabei, die es verdienten, dass ich sie beantwortete, aber ich tue es nicht, vor allem auch: weil die Leute dann *wieder* schreiben, (ich muss mir einen Stempel machen: »Bitte schreiben Sie keinen zweiten Brief«!)

Haushalt: mich braucht niemand zu versorgen, ich weiss alleine Bescheid. Zwischen meiner 1. u. 2 Ehe war ich 17 Jahre Junggeselle u. habe alles: Essen, Trinken, Wäsche, Wohnung allein angeordnet. Hatte immer ordentliche Hausangestellte. Jetzt: meine Frau ist Zahnärztin, liebt ihren Beruf, hat viel zu tun, versteht vom Haushalt *nichts*, kann weder kochen noch sonst was. Stört mich nicht. Stören tut mich der Train: 1 Hausangestellte, 1 Praxishilfe, 1 Techniker – , ist mir alles zu laut u. unruhig; daher meine neulich beschriebene Hinterstube, in der allein ich mich geborgen fühle.

Genug des Geschwätzes über mich. Aber lieb von Ihnen, danach zu fragen, danke schön.

Überlassen Sie mir eigentlich Ihre Gedichte insofern, als ich einige davon zur Veröffentlichung preisgeben könnte? (The Raven, Delphin, Ratten) z.B. im »Merkur«? Bitte um Antwort. Die Leute würden wohl auf mich hören u. sie würden selbst die Gedichte schön finden. Nur eine Frage an Sie.

Wann kommt bei Ihnen die Post? Schon bevor Sie ins Büro gehn? Oder finden Sie sie erst nachmittags, wenn Sie wiederkommen?

Sie schreiben von Ihrer *ersten Rezension* – was haben Sie denn rezensiert? Wenn das erscheint, bitte ich sehr um 1 Exemplar, ich revanchiere mich auch mit meinen Elaboraten.

An Prof. Alewyn schreibe ich morgen.

Entschuldigen Sie bitte das Briefpapier. Habe im Augenblick nichts Besseres zur Hand.

Also 1 Jahr London, schön und schmerzlich. Will sehn, dass ich im August noch nach Köln komme; die Stätten von Düsseldorf interessieren mich nicht, aber eine andere Stätte.

Sie wissen:
Ihr

G B

17 Gottfried Benn an Astrid Claes

8 VII 54.

Kühler Brief von Lady Astrid, wenig Honig drin! Was den von mir geschilderten Stempel angeht, so können Sie ihn *anständigerweise* nicht auf sich beziehn – anständigerweise! Während dies der 4. Brief von mir in einer Woche ist – , bestimmt zudringlich in Ihren Augen.

An Prof. A. habe ich einen langen Brief geschrieben u. ihm geschmeichelt, indem ich tat, als ob die Arbeit von ihm sei, seines Geistes, seiner Führung. Ich glaubte, Ihnen, Astrid, damit behilflich zu sein, er kann nun nichts mehr sagen wegen der Verzögerung.

Was Ihre Gedichte angeht, so ist eine Veröffentlichung mit Widmung an mich unmöglich. Sie müssen allein auftreten ohne jedes persönliche Beiwerk. Gedichte müssen nackt u. geschichtslos dastehn. Seien Sie nicht böse, aber das geht nicht, u. ich mache es, wie es für Sie das Richtige ist. Dabei eine Bemerkung, die ich schon längst machen wollte: wenn der Tag kommt, wo Sie über meine Sachen *anders* denken, sie in anderem Lichte sehn, sie Ihnen ferner werden u. fraglicher, das kränkt mich nicht. Wir müssen uns alle von denen trennen, von denen wir ausgingen, sie verwandeln sich in uns, wir verzehren sie, um selber uns zu erhalten. Deswegen bleiben unsere Gedanken beieinander und unsere Herzen sehn sich weiter an.

Was die Haartracht angeht, so wäre ich wohl für Pagenkopf. Lieber wie ein Knabe aussehn als wie eine Puppe. Übrigens werden Sie ja wohl wissen oder ahnen, dass Leidenschaften, wenn sie entstehn, sich von anderem erhalten als von den äusseren Dingen (das sagt einer, der von den äusseren Dingen, von Form, Haltung, Schritt, Figur, Gang,

Prägung bei Frauen u. Kunstwerken so sehr viel hält). Einen »Eindruck« brauchen Sie überhaupt nicht zu erstreben, ein Mann, der auf eine Frau stösst, sieht nicht den Eindruck, er sieht auf ganz etwas Anderes hin. Vielleicht sieht er sogar auf das, was Sie »das Verlässliche« nennen.

London – : Ihr Leben ist in Bewegung geraten und Sie werden viele Erlebnisse in Besitz nehmen und in Ihr Inneres ziehn. Ganz fertig sind Sie – gottseidank – noch nicht u. Ihre Formung wird mit viel Trauer verbunden sein, dieser Gedanke tut mir weh, aber es muss für Sie so sein.

Das Rilkebuch werde ich mir vom Schmidt-Verlag erbitten. Den Auden behalten Sie bitte, ich kann mir vom Verlag ein neues erbitten. Anbei ein paar Sachen. Das Französische bitte zurück.

Kennen Sie eigentlich mein Buch »Der Ptolemäer«? Welches meiner Bücher kennen Sie nicht?

Vergessen Sie nicht, Astrid, Ihren

G.B.

Wenn Sie mir einmal etwas ganz Persönliches schreiben wollen, legen Sie bitte einen Zettel damit in den übrigen Brief.

18 Gottfried Benn an Astrid Claes

11 VII 54

Sonntag, grauer Sonntag, grau wie Wilhelmshöhe, Liebste, was machen Sie heute? Kochen Sie bei W. s? Woher können Sie kochen? Wo haben Sie das gelernt? Können Sie denn noch mehr kochen als grünen Salat zurecht machen und Spiegeleier braten? Das kann ich ungefähr auch.

Wenn Sie so lange nach London gehn, geben Sie doch Ihre Wohnung auf? Sie wohnen doch in der Gl.str. erst seit dem Anfang dieses Jahres? Ihre erste Adresse war doch noch in L., zu Hause? Prof. Emrich schrieb seinen letzten Brief an mich von K.-Sülz, Palanterstr. 35 – wieviel Wohnungen hat denn der?

An einem der letzten Abende las ich alle ihre Briefe seit Anfang des Jahrs bis Kassel; las sie sehr schweigsam u. nachdenklich. Einiges entschleiern Sie, einiges nicht. »Verhüllung« – wo Sie nicht einmal Ihre Lieblingsblume sagen wollten, im Café, 1. Etage, Park Hotel. Welches ist denn nun diese Blume? Kein Wort Ihrer Briefe hat jemand ausser mir gelesen, nur »The Raven« gab ich meiner Frau zu lesen, sie fand es wunderbar. Und jetzt zeigte ich ihr: *Delphin*. Sie sagte: »Hebe das genau auf, sie wird wohl einmal sowas wie die Lasker-Schüler«.

Meine Frau hat über Literatur ein ganz instinktsicheres, manchmal mich erstaunendes Urteil, interessiert sich aber für Literatur nicht. Übrigens ich habe ihr davon erzählt, dass wir uns in K. getroffen haben, sie war ja während der Präliminarien verreist; ich sagte, Sie kamen aus Jena u. wir haben uns verabredet; Sie sind abends um 9 h. weiter nach Köln gereist, ich brachte Sie zur Bahn. Sie hatten einen wunderbaren Lederkoffer mit Seitentaschen drauf. Wir sassen im Ratskeller von 5–9 Uhr u. Sie wollten nichts essen! Sie kennt ja Ihre Arbeit – hat sie mit grösstem Erstaunen u. Interesse gelesen. Erledigt also u. Sie können in Ihren Briefen ruhig K. erwähnen u. dass wir uns kennen. Mir scheint es so am Besten. Aber auch weiter bitte ich Sie zu glauben, dass Ihre Briefe nicht aus meiner Hand gehn u. keine Zeile an einen anderen Menschen gerät. Dazu sind sie mir viel zu wertvoll u. viel zu lieb u. – jetzt – viel zu sehr zu mir gehörig.

Liebste, ich denke an Sie u. je t'adore.

Ihr
G.B.

19 Gottfried Benn an Astrid Claes

Montag. 12 VII 54 (Es regnet unaufhörlich. Das hat das Gute, dass die schwarze Katze, die immer im Hof herumstreicht u. öfter in mein Zimmer springt, mich z.Z. nicht beunruhigt.) (Ich liebe Katzen u. Hunde, überhaupt Tiere nicht).

Allerliebste Astrid, Sie sind bestimmt ebenso komisch wie ich: wenn ich Sie nicht anrede, »könnte der Brief an jeden anderen gerichtet sein«! Ich muss Ihnen verraten, dass ich solche Briefe wie an Sie überhaupt nicht schreibe, seit 20 oder 30 Jahren sicher keinen Brief an eine Frau geschrieben habe, in dem auch nur eine Spur von Zärtlichkeit, Zuneigung, Hingabe enthalten war. Keine Rilkebriefe können je von mir auftauchen. Dies zur Kenntnis, bitte.

Bei der Sache mit »An« – habe ich sehr gelacht. An wen soll das denn sein? Es war eine sehr flüchtige, kurze Bekanntschaft, die mich überraschte durch die Vehemenz, mit der dieser Jemand mich glaubte übernehmen zu können. Dieser Jemand kennt das Gedicht nicht, nie ging ihr Name über meine Lippen, belanglos, unwichtig (genau wie der Husten). Wer aber glauben denn *Sie*, dass er oder sie es war? Das ist amüsant, bitte: u.A.w.g.!

Wovon ich lebe: unter uns – u. verachten Sie mich nicht – ich bekomme Pension, da ich ja lange aktiver Militärarzt war, beide Weltkriege mitgemacht habe, mich 1. IV. 35 reactivieren liess usw. Ich habe soviele Dienstjahre, dass es genügt. Die Pension ist nicht immens, aber ganz schön. Ich könnte davon, die Literatur dazu, überall leben (innerhalb Deutschlands). Ich bin übrigens nicht sehr anspruchsvoll u. nicht verwöhnt. Fatal ist nur, dass bei der Steuereinschätzung das Einkommen meiner Frau u. meine Einnahmen zusammen veranschlagt werden u. das ergibt eine ziemlich hohe Summe u. wir müssen enorme Steuern jeden Monat zahlen. Das ist natürlich sehr ärgerlich, aber deswegen mich scheiden zu lassen, wäre auch nicht sehr anständig. Meine Frau ist nett, grosszügig, kameradschaftlich u. sieht gut aus.

Den *»Weltinnenraum«* habe ich zu kaufen gedacht, aber es sind 300 Seiten u. kostet etwa 25 M. Lohnt das? Wie sind Sie auf das Buch gekommen, wer gab es Ihnen zur Besprechung, ist der Autor ein Bekannter von Ihnen?

Das *Taschentuch*, ja ich habe öfter daran gedacht, freute mich, es vielleicht in Ihrem Besitz zu wissen, *wollte es selber sein.* Verwahren Sie es bitte – war es zerrissen u. schäbig oder in Ordnung?

Als ich las, dass Sie an einen zukünftigen *Sohn* denken, hielt ich vor Verblüffung inne. Ich bitte Sie sehr, sich einen vernünftigen Vater auszusuchen. Als Namen schlage ich vor: Guy oder Anatol oder Preben oder Telemach, alles besser als Gottfried.

Über Bücher das nächste Mal. Übrigens habe ich die Arbeit von Frl. Lorbe nicht gelesen. Übrigens gibt es viele Übersetzungen meiner Gedichte ins Englische (Amerikanische); ich werde mir erlauben, sie Ihnen zu senden, ich kann sie ja nicht beurteilen. (Mein Freund Dr. Oelze in Bremen, engl. erzogen u. in England aufgewachsen, ist mein Referent für englische Briefe u. Übersetzungen (vornehmer Mann, Bremer Gentry, Snob)). Übrigens bekomme ich z.Z. viele französische Sachen über »Double Vie«, lese sie aber auch nicht. Heute lese ich: »ce très grand écrivain, un des plus importants essayistes, poète[s] et stylistes de l'Allemagne« – (nützt mich auch nichts mehr)

Es regnet weiter. Ich wollte, ich wäre mein Taschentuch. Ihnen küsst die Hand

Ihr

Gottfried Benn

20 Gottfried Benn an Astrid Claes

[Telegramm 24. 07. 1954]

SCHÖNEN SONNTAG LIEBSTE ASTRID
IHR BENN

21 Gottfried Benn an Astrid Claes

Sonntag 25 VII

Liebe Astrid, wir wollen uns nicht weiter zanken u. wenn es einmal wieder sein muss, wollen wir jeder darüber nachdenken, wo der andere besonders empfindlich ist. Ich hoffe, Sie bekamen mein Sonntagstelegramm, u. es hat keine neue Empörung bei Ihnen hervorgerufen wegen Dummdreistigkeit, Leichtfertigkeit, Mangel an Ehrfurcht usw. Es sollte Ihnen nur sagen, dass ich an Sie denke. Sie missverstehen soviel u. legen es so oft *gegen* mich aus, dass ich schon kaum noch weiss, was ich schreiben soll. Aber lassen wir das.

Bedenken Sie vielleicht auch in aller Ruhe noch Folgendes. Unsere Beziehungen sind von einer gewissen Zwiespältigkeit für mich. Nämlich: sind Sie eine Frau, also eine Liebespartnerin, stehe ich Ihnen anders gegenüber, als wenn Sie ein feines Herz sind, eine Dichterin, eine Gespielin, die nicht isst, nicht trinkt, nicht schläft, sich ihr goldenes Haar mit einem diamantenen Kamm am hohen Turmfenster kämmt. Im ersteren Fall werden Sie behandelt wie eine Frau, d.h. sehr nett, aber etwas bestimmend u. etwas beobachtend, in der Liebe steht alles 50:50 u. alles geht auf eigenes Risiko, gibt es Schwierigkeiten, die dem einen nicht zusagen, trennt man sich. Man liegt vor einer Frau nicht Tag u. Nacht auf den Knieen u. murmelt zu ihr Gebete empor, eine Frau ist ein Gegenstand. Im anderen Fall werden Sie zarter, ergriffener, auch mit weiteren Blicken in Zukunft u. Räume behandelt – also was sind Sie? Aber auch hierauf brauchen Sie nicht zu antworten. Ich kann Ihnen nichts weiter bieten, als Sie auf Dinge u. Komplikationen hinzuweisen, mit denen Sie sich noch Jahrzehnte werden herumquälen müssen, wenn ich längst jenseits dieser Dinge bin.

Wie war es bei Prof. Alewyn? War er noch böse? Da Sie ihm Ihr Gedicht »The Raven« gezeigt hatten, müssen Sie ihm doch sehr nahe gestanden haben u. er kann nicht mit Ihnen zürnen.

Ich sandte Ihnen – vor Ihrem Brief – »Frühe Prosa u. Reden«. Sie brauchen sich nicht damit abzugeben, es war ein Gegengeschenk für »Weltinnenraum« (Tausend Dank). Die Vorrede von Bense ist unverständlich u. hat das Buch sehr belastet. Es war die Idee von meinem Verleger, Herrn B. darum zu bitten.

Ihre Gedichte: Hüten Sie sich bitte, wenn ich mir die Bemerkung erlauben darf, zu sehr an E. L.=Sch. zu hängen. Von den ersten Gedichten, die ich erhielt, war »Frühling« abhängig von ihr, jetzt: »In Deinen Händen«, etwas. »Die Spinne« ist eigenartiger. »Die Abreise« ist wohl eine Stelle aus einer grösseren Arbeit, etwas Kafka-iszierend. Schreiben Sie an einer grösseren Prosa Sache? Über die »Spinne« bitte ich

Sie, einen Tag nachzudenken u. mir dann zurückzusenden.

Das für heute.

Einen Handkuss, liebste Astrid.
Ihr

G.B.

Ihre Gedichte:

1) *»Der Schwan«* ist wieder wunderbar. Seltsam, geheimnisvoll. Sie haben zu allem übrigen Talent gerade soviel Phantasie, wie man als Lyriker sie braucht (ich halte von Phantasie nicht viel), aber Sie haben gerade die richtige Portion. Im letzten Vers weiss ich nicht, ob ich Reihe 2 so liesse, weil Schulter u. dunkle Spiel nicht ganz klar ist, es liesse sich denken, dass etwa: »und der Tag beginnt sein dunkles Spiel« besser wäre, weil oben *die Nächte* stehn, in denen der Schwan kommt u. wiederkommen wird.

2) *Abend:* Die beiden ersten Reihen suggestiv, wenngleich man nicht weiss, wieso ein Wasserspiel zum Abend gehört. Ferner: müde, schwül, grün, kühl sind viele Adjektiva für 8 Reihen. In Reihe 2, Vers 2, wäre rhytmisch schöner: »in Meeren« statt »auf Meergründen«.

3) *Lastträger.* Gut. Vers 3 würde *ich* sagen:

1 ……
2 für einen Gin
3 bringt er den Herren in karierten Westen
4 die Koffer hin

So ist der Vers besser zusammengehalten, dichter.

Vers 4 gefällt mir nicht: *»fühlt er sich plötzlich«* würde ich nicht schreiben; ist eine *Behauptung*, keine Vision.

»ist Wind u. Angesicht u. Last die Steppe,
die schweigt u. trägt.«

»Und manchmal, wenn an einer Treppe
in sein Gesicht ihn Wind u. Wetter schlägt,

ist Wind u. Angesicht u. Last die Steppe,
die schweigt u. trägt.«

Ich sage nicht, dass
meine Vorschläge besser seien,
Sehen Sie nur daran, wie sehr ich
mich mit Ihren Gedichten beschäftige.
Liebste Astrid,
Ihr
Gottfried Benn.

22 Gottfried Benn an Astrid Claes

29 VII 54

Meine liebe Astrid, mein aufrichtiges Bedauern zu Ihrem Unfall. Das ist ja eine schlimme Sache. Sind Sie jetzt darüber hinweg, gehn Sie wieder in Ihren Verlag?

Zu Alewyn: ich stehe ja mit ihm in gar keiner Verbindung. Schrieb damals den Brief an ihn wegen Ihrer Dissertation, bekam aber keine Antwort. Zufällig hörte ich von Prof. Kunisch, der hier Ord. für Literatur ist, dass A eine Woche hier war. Ich fragte: was ist das für ein Mann? »Sehr gepflegt, zurückhaltend, elegant, wohl etwas belastet von der Tatsache seiner Emigration, ein sehr angenehmer Mann«. Also das, was auch Sie von ihm sagen.

Haben Sie vielen herzlichen Dank für den Brief vom Sonntag. Also versuchen wir es von Neuem.

Ob ich nach Köln komme, weiss ich nicht. Habe von Prof. E nichts mehr gehört. Habe allerdings auf sein letztes diesbezügliches Schreiben von vor 3 Wochen nicht geantwortet. Ich habe allerdings auch gar keine Lust, wieder irgendwo aufzukreuzen u. zu reden. Selbst in Köln nicht, wo A. C ihr geheimnisvolles Dasein lebt. Die Gleuelerstr sähe ich natürlich so sehr gern u. ein Wort mit Ihnen wäre schön, aber ob es sich machen lässt, weiss ich heute noch nicht.

Einen guten Sonntag, liebste Astrid. Werde Sie vor mir sehn u. an alles denken.

Immer
Ihr
Benn

23 Gottfried Benn an Astrid Claes

30 VII 54.

Liebe A.C. Netter energischer Brief vom 28. VII.! Unfallfolgen Gottseidank ohne Sachschaden vorbei! Scharfe Dialecticerin dieser Steinbock (Kolibri)! »von hohen Bergen« – verteufelt wach! Also zur Sache:

1) »Wind u. Wetter«; klar, dass es Jargon enthält. In meinen Augen kein Schade. Ich bevorzuge das in *gewissen* Fällen: a) als Maulschelle gegen Aestheten b) das Gefühl, den Schwung, das Lyrische immer wieder sofort herunterholen zur Erde. Das »hohe« Gedicht ist heute nicht immer das echte. *Trotzdem haben Sie Recht.* In diesem Gedicht sollte alles konform sein. Vielleicht finden Sie ein besseres Wort, ich dachte nach u. fand keins (ungefähr aus dem Milieu, zweisilbig usw.). Sie werden es finden.

2) E. L.-Sch. Jedes Gedicht an alle die Männer u. Frauen war echt. Sie spuckte auf alles Unechte. Nur das Wiederholbare führt zur Kunst. *Wiederholungszwänge*, nur sie, ergeben Stil, nur sie führen das Gefühl des Notwendigen u. Schicksalauferlegten in einem Werk dem Aufnehmenden

zu. Kennen Sie die kurze Ansprache, die ich vor einigen Jahren hier auf sie hielt? *U.A.w.g.* Wenn nicht, sende ich sie Ihnen. Haben Sie die Ausgabe der Gedichte *von 1917*, erschienen bei *Kurt Wolff*? Wunderbarer Band, Rarität. Wenn Sie wollen, gebe ich ihn aus der Hand an Sie. (Enthält die vielen Gedichte an mich, genannt Giselher; aber auch alle die andern Liebesgedichte). U.A.w.g.

3) »Gegenstand«: die grösste Hymne an die Frau, je von einem Mann ersonnen. Es gibt nämlich Gegenstände aus Porzellan, Ming=Porzellan, unbezahlbare, im Ansehn schön u. beim Berühren – warum legen Sie es als Steingut aus? (Weil *ich* es sage, Sie legen ja alles *gegen* mich aus). Ich hätte natürlich schreiben sollen: »ist u.A. *auch* ein Gegenstand, gelegentlich.«

4) Heute geht noch ein Brief von mir ebenfalls nach Köln=Lindenthal, Meister Ekkehartstr. 9 Da wohnt z.Z. mein U.S.A=Übersetzer u. Propagator Herr Edgar Lohner. Der war einige Tage in Bremen bei meinem alten Freund Dr. Oelze (schrieb ich Ihnen davon oder stand das in dem Brief, dem so netten, den ich geschrieben u. dann vernichtet hatte, als Ihr schlechter Brief kam?), der mein Referent für Englisch ist. Wenn es nicht so aufdringlich wäre u. ich Sie schon genügend behelligte, würde ich Ihnen gerne seine Übertragungen zur Kritik senden? UAwg Lohner ist irgendwie auch mit Prof. E. verbandelt u. gehört zu dem Ferienkurs. E. schreibt, ich möge kommen. Bleibt es dabei, dass Sie am 20 VIII nach London gehn?

Eben war der Manager vom Hanser=Verlag, München, bei mir, um mich für »Akzente« zu erwärmen. Kennen Sie »Akzente«?

Leben Sie wohl, liebste Astrid. Was machen Ihre grünen Augen, Ihre zarte zarte Gestalt, Ihre 3 Ringe? Warum gehen Sie so gebeugt? Denken Sie nicht, dass ich Sie nicht unmittelbar im Auge hätte u. behielte. Dass Sie mein Teeeingiessen in K. so in der Erinnerung behielten, überrascht mich wirklich. Wahrscheinlich ist es das einzige Gute, was Sie von mir im Gedächtnis behielten.

Meine liebste Astrid

immer
Ihr
Gottfr. Benn

24 Gottfried Benn an Astrid Claes

[Telegramm 07. 08. 1954]

Verreise fuer eine Woche gebe bald Nachricht gruss Benn

25 Gottfried Benn an Astrid Claes

8 VIII 54

Liebes, Dank für Ihren Brief vom 3.VIII. Also Sie haben ein Zimmer vermietet – natürlich an einen feschen jungen Herrn, wohl Ihnen! Und mich wollen Sie abwimmeln – auch gut! Aber ich komme nun definitiv nicht nach Köln, wenn ich schon höre: Holthusen u. Th.M. u. dazu Ihre Grössen Prof. A. und Prof. E. und dann den NWDR Herrn Linfert und Herrn Lohner – so wird mir das Herz schwer, weil ich ein Aussenseiter bin, langweilig u. melancholisch. Aus diesem Grunde fahre ich Montag für 1 Woche fort, nach dem Harz oder Lüneburger Heide, in irgend einen kleinen Ort. Jetzt ist das Wetter doch etwas freundlicher u.

die Hausangestellte hier geht auf Urlaub u. niemand kann für mich kochen u. sorgen. Ich schreibe Ihnen gleich von dort. (Bitte keine aggressiven Bemerkungen hierüber u. hierzu, bin froh noch eine Woche für mich sein zu können, ehe wieder Winter wird). Wann verlassen Sie denn nun Köln u. siedeln nach England über? Und wann kommen Sie wieder?

Über »Gin« grübele ich immer noch. *Soviel* Talent, soviel Intelligenz, soviel Schick im Inneren u. Äusseren – seltsame schillernde Astrid Veronika! Wer ist denn bloss dieser Herr Grünther, von dem Sie immer schwärmen u. für den Sie 1/2 Jahr gekocht haben? Wohl ein doller Matador?

Handkuss, liebste Astrid, Blick in die grünen Augen, Blick auf den Mund.

Ihr

Benn

26 Gottfried Benn an Astrid Claes

[Postkarte aus Worpswede]

11.8.54

Liebes Fräulein Claes, hier bin ich ein paar Tage. Es regnet, aber die Luft ist wunderbar u. solche Stille (ausser Hundegebell). Ausserdem wohnt mein Freund Oelze in der Nähe mit wunderschönem Haus u. Garten. Mitte nächster Woche wieder in Berlin. Mit herzlichem Gruss

immer Ihr

Benn

27 Gottfried Benn an Astrid Claes

[Telegramm 17. 08. 1954]

Meine Liebe ich kann leider nicht kommen bitte herzliche Gruesse an Professor Emrich Gruss Ihr Benn

28 Gottfried Benn an Astrid Claes

Berlin-Schöneberg
Bozener Str. 20
Tel.: 71 20 97

18 VIII 54.

Mein Liebling, verzeihen Sie, aber ich muss schon so sagen. Ihr Brief vom 16. VIII ist so reizend. Allein schon: »Ihre Familie« ist Gold wert, das habe ich seit 3 Jahrzehnten nicht mehr gehört. Klingt traut u. anheimelnd. Also das Handschriftliche kann nur von mir als Familienmitglied stammen, das andere Glied kennt meine Literatur kaum. Es heisst ursprünglich: »– des Meeres erlösend tiefes Blau«. Ist dann in verschiedenen Ausgaben in: »Blut« verfälscht. Ich hatte keine Lust es zu korrigieren. Diesen Band »Frühe Lyrik und Dramen« habe ich nicht allein zusammengestellt, mein Verleger liess sich von verschiedenen Seiten aus Zeitschriften usw. beliefern – nun Salem aleikum, Friede mit ihnen. Übrigens ist dieser Band einer der Gründe, warum ich mich nicht mehr öffentlich zeige, wer sowas schrieb, soll nur als Maulwurf leben.

Wieso soll »Gin« »Blödsinn« gestiftet haben? Liebes Kind, das ist eine so grossartige Sache, dass man sie anbeten muss.

Herr Oelze hat sogar 3 Schwestern, aber er hat sie mir

noch nie gezeigt. Alte Damen, die in einem seiner Häuser in der Lüneburger Heide leben. Der Park um sein Haus hat 35 Morgen u. die Bäume sind 200 Jahre alt. Die Zimmer waren so luxuriös, dass mich ekelte. Mir unbegreiflich, dass dieser elegante, selbstgefällige Snob (63 Jahre) seit 30 Jahren wirklich an mir hängt u. mich umschwärmt. (In Bremen! »Ehrbarer Kaufmann«, Schiffermahlzeit, Gartenfeste)

Noch eins: Ihr neues Briefpapier ist einzigartig hübsch, bewundere es, gefällt mir.

Anwesend bei Oelze war die Witwe von Rud. Borchardt, die ich schon kennengelernt hatte. Doch erstaunlich, wie eine Frau, die mit einem bedeutenden Mann ihr Leben verbracht hat, unverkennbar in die Höhe kommt u. zu Urteilen gelangt. (Nichte von R.A. Schröder, auch Bremer Gentry). Übrigens: »Untergrundbahn« steht, wie ich eben sehe, in »Trunkene Flut«.

Dass Herr Grünther nett, grosszügig u. kameradschaftlich ist u. gut aussieht, freut mich für Sie. Das ist eine gute Mischung. (Oh wie sind Sie witzig!! Und so nebenbei u. harmlos u. von ungefähr).

Meine Manschetten sind defekt, durchgestossen u. ich gehe jetzt in ein Herrenwäschegeschäft, um Ersatz- u. Ansatzmanschetten zu kaufen, annähen tut sie mir meine Donna, wenn sie vom Urlaub zurück ist.

Ich bin flüchtiger Stimmung heute u. nichts für eine so geniale, fanatische, exquisite junge Dame wie A.C. Übrigens Prof. Alewyn schrieb mir einen netten Brief, in dem er das Verdienst an der Arbeit allein Ihnen zuspricht, Ihnen ganz allein, von Ihnen die Anlage u. von Ihnen die Methode, also auch hier A.C. als Wille u. Wunder.

Tausend zärtliche Grüsse.

Immer Ihr

Benn

29 Gottfried Benn an Astrid Claes

Freitag 27 VIII 54

Mein lieber Mensch, nicht ganz einfach, über die »Eroberung« etwas zu sagen. Viele reizvolle Einzeldinge drin, – die Fascination von »Gin« hat es nicht ganz. Ich finde, das Problem Richard – Hund ist nicht ganz verzahnt, nicht ganz durchwachsen, nicht schwer genug gemacht von wirklichem *Verhängnis*, so dass es vielfach den Eindruck von interessanter Erzählung hinterlässt, originell im Gedanken u. einfallsreich. Gut die Schilderung des Empfangs in der Universit. (S. 3), besonders letzter Satz von Abschnitt 2 u. Abs. 3 (»unerlernbarer Ausdruck usw.«)

Sehr gut Bemerkung S. 6 »Samenkorn«. Gut die Scene zwischen Doggenbesitzerin u. Richard – aber muss er S. 7 *weinen*?

Auch das *Dreieck* ist gut.

Aber den Zerfall dieser Person R. auf die Dogge zu lokalisieren, scheint nicht ganz überzeugend. (Dass im Hintergrund die Idee stehen sollte: Tiere sind mehr u. treuer als Menschen, traue ich Ihnen nicht zu, das hat man doch schon öfter gehört) Soll R. von vornherein als in Auflösung befindlich gedacht werden? Und die Auflösung dokumentiert sich im Zusammenhang mit der Dogge?

Die sehr fesselnden Ausführungen S. 9 über Kunst spannend, aber ist das nicht *herangeholt* u. einem Mann in den Mund u. in die Gedanken gelegt, der von sich aus eigentlich garnichts damit zu tun hat u. in seiner Lage garnicht darauf käme?

Haben Sie die Güte, sich zu äussern, wenn es Ihre Zeit erlaubt, was Sie zu einigen Punkten meines Deutungsversuchs meinen.

Frl Ursula Diem sandte mir ihre als Druck vorliegende Doctorarbeit: »Das Wesen der Kunst im Denken Nietzsches«. Sehr Heidegger'sch, nicht mein Fall.

Übrigens Sie, Astrid, haben auch einen Gefahrenpunkt: das Geisteswissenschaftliche, das Philologische, – Auslegen u. Deuten, sich in Zusammenhangsbehauptungen zu ergehn, die alten »innerlichen Standpunkte« zu vertreten. Z.B. der »Weltinnenraum«, den Sie mir schenkten, ist kein Weltinnenraum, sondern ein altmodischer Innerlichkeits-Kleinkrämerraum – die Pokerfarce unseres Kulturkreises. Après-lude. (Scheint *mir*, meine *ich*) Sie wissen, wie sehr Sie mich geistig interessieren u. wie ich Sie beobachte, darum meine offenen Worte.

Frau Borchardt, bei Oelze, ist eine ältere, schon angegraute Dame, mit 2 Töchtern, die ihr Kummer machen, u. es gibt ja *böse* Töchter, wie Sie wissen! Ich wollte Ihnen nur zeigen, mit was für feinen literarischen Leuten ich zusammen war, denn B. war ja ein guter Mann.

Über »Einsamer nie als im August« später, liebste Astrid.

Sie vergisst nicht

Ihr

Gottfried Benn.

30 Gottfried Benn an Astrid Claes

Berlin-Schöneberg
Bozener Str. 20
Tel.: 71 20 97

1. IX 54

Mein lieber Mensch, ja ich fahre noch einmal nach Bremen, um Herrn Lohner zu begrüssen, der ja zum 2 Mal dahin kommt, nur um sich mit meinen Angelegenheiten zu beschäftigen. Nachdem ich höre, dass er bei Ihnen war, fällt mir die Reise etwas leichter, ich werde ihn ausforschen über Ihre Wohnung, Ihren Balkon u. Ihre Cigaretten. Und: ob Sie immer noch das Haar so tragen wie in Kassel am 29. VI.

Vielen Dank für Ihr neues Gedicht. Aber die Hafenbar vom herrlichen Delphin müssen Sie nicht wieder benutzen, die ist *tabu.* Sie schreiben so entzückende Briefe, smart u. vielsagend. Also bei Th. M. im Malkasten waren Sie auch?

Gut, ich werde nach Köln kommen, wenn meine Stimmung besser geworden ist, zur Zeit ist sie nicht anregend. Ich sterbe an diesem Sommer, der kein Licht u. keine Wärme u. keine Liebe u. keine Rosen hat.

Ich melde mich wieder u. küsse Ihnen die Hand (womöglich ohne Ring daran) in aller Zärtlichkeit

Ihr
Benn

31 Gottfried Benn an Astrid Claes

Berlin-Schöneberg
Bozener Str. 20
Tel.: 71 20 97

16 IX 54

Liebes, machen Sie eigentlich wirklich Staatsexamen, wie Sie einmal schrieben? Haben Sie Ihre Stellung im Verlag aufgegeben – sonst hätten Sie doch gar keine Zeit für Kolleg u. Arbeit?

Was halten Sie eigentlich von Lohner? Ich fürchte, dass er so sehr begabt nicht ist, nicht sehr produktiv angelegt.

Ein *masslos* langer Aufsatz über meine Gedichte stand am 28.8 in der »Neuen Zürcher Zeitung«, ungewöhnlich, 2 Autoren: einer dafür, einer dagegen. Habe es aber noch nicht gelesen.

Sie hatten in einem Ihrer letzten Briefe den *29* umkränzt, das fand ich ganz überaus süss von Ihnen.

Wann ich komme, kann ich noch nicht sagen. Bitte teilen Sie mir die beiden Zigarettensorten mit, die Sie jetzt rauchen.

Darf ich mir die Schlussbemerkung erlauben, dass Sie völlig unvergessen sind.

Mit einem zärtlichen Handkuss
Ihr (sehr anfechtbarer)
Gottfried Benn

32 Gottfried Benn an Astrid Claes

22. 9. 54.

Liebstes Fräulein Astrid, ich muss mit einer Liebeserklärung beginnen: Sie sind das reizendste Wesen, das es überhaupt geben kann. Kein besonderer aktueller Grund für diese Erklärung; ich überblicke nur Ihre Art und Ihr Wesen und Ihre Briefe in diesem Augenblick und finde das.

Im Gespräch mit Herrn Lohner bemerkte ich, dass Herr Grünter der Verfasser jenes Aufsatzes über Jünger u. das Dandytum gewesen ist, den ich von ihm erhielt, sehr gut fand, aber nicht recht anwendbar auf J. Ich schrieb ihm das damals auch. Mes hommages à Monsieur Gr.

In der »Welt am Sonntag« vom 12. IX. 54 standen 3 weitere Gedichte von mir, die Sie nicht kennen, eines davon aus dem Jahre 1936. Ich kann Ihnen die Nummer nicht schicken, da es in West-Berlin die westdeutsche Ausgabe nicht gibt (nur eine geringere Berliner Ausgabe). Schreiben Sie mir bitte, welches Gedicht aus dem Jahre 1936 ist. (Wenn Sie sich die Mühe machen wollen).

Ihren Fragebogen werde ich [mit] Entzücken beantworten. Fragen sie, was Sie mögen, Privates, Literarisches, Kaufmännisches, Amouröses, Diesseit= u. Jenseitiges.

In Oberneuland war das einzige Interessante, das mir begegnete, die Mitteilung über Ihre Frisur, was jetzt los ist mit den Haaren, erfuhr ich leider nicht, werde es aber vielleicht einmal sehn.

»Einsamer nie« – auf einem Hügelgasthof auf einem der kleinen Höhenzüge bei Hannover (Deister, Ith, Solling), hingefahren mit Autobus, wie ich das damals immer tat. Nachmittag, Ernteende. Bei mir eine Dame aus Paris, die mich 2 Stunden in Hannover besuchen wollte, aber dann eine Woche blieb, weil das alte berühmte Hotel Kasten ihr so gut gefiel. Ende August 1936.

Ich hänge Ihnen wahrhaftig keine Benn-Wahnsinnigen an. Von Herrn Werners Aufdringlichkeit weiss ich nichts. Sie haben sich aber in den Bannkreis begeben u. müssen es nun büssen.

Verzeihen Sie das, Teuerste, Ihrem Sie so verehrenden

Gottfried Benn

33 Gottfried Benn an Astrid Claes

24. 9. 54.

Liebes Davidchen,
aber es endet doch alles gut: alle verstanden ihn u. die Tante blickte nicht auf, einfach weil sie traurig war über unsere Trennung!

Nur Wettrennen sollte Davidchen nicht machen, schon ein Schlüsselbeinbruch tut weh, u. hat Davidchen denn auch Blumen im Zimmer oder soll ihm der Onkel welche schicken?

Gruss u. Dank.

Ihr
Benn

Wegen »Limes« werde ich
mich erkundigen.

34 Gottfried Benn an Astrid Claes

7 X 54

Mein liebster David, wie kommt es, frage ich mich oft, dass ich auf Ihre Briefe so reagiere, dass ich eigentlich jedes Mal *sofort* antworten möchte? Dass ich auf den letzten mit dem neuen schönen Gedicht es nicht tat, war teils Selbstkasteiung, teils weil ich über den Vers: »und keiner sieht, wie er im Dunkel lacht« so lange nachdenken musste. Er trifft nur zum Teil die Wahrheit. In letzter Zeit ist mir wenig zum Lachen zu Mute. Andererseits wird es einem Lied nützen, wenn es ein kleines Gelächter dabei gibt oder gab.

Ihr Besuch sowie der von Herrn Gruenter wird mich *ungemein* erfreuen. Ich werde die Bozenerstr. schmücken, soweit ich kann – »lasst die Trompete u. die Pauke sprechen, die Pauke zu dem Kanonier hinaus ..« (usw. Hamlet V. 2) u. eine Perle wirft er in den Wein u. ich werde *Gin* besorgen.

Die Gedichte in der »W.a.S.«: wenn Sie richtig geraten hätten, welches Gedicht von 1936 war, hätten Sie als Quiz-Belohnung einen Nelkenstrauss bekommen. Es ist das Gedicht, das Sie nach Worpswede verlegen (nachweislich).

Das Ebereschengedicht hat mir viele Anbetungszuschriften eingebracht, aber mir fiel die Reihe: »zu Gott geboten« schwer u. ich zögerte, sie zu lassen.

Was Lohner erzählt hat, ist wohl nicht so sehr verbindlich. Ich war an dem Tag äusserst stumm u. missgestimmt, so sehr, dass es mir leid tat, Lohners wegen.

Mit Prof. Pyritz stehe ich z.Z. auch in Korrespondenz. Sie Allerwelts-Geistesheros- – wo Sie alles dabei sind!

Addio, Davidchen, aber Sie sind auch der andre David, der mit der Schleuder die Goliathe tötet.

Ihr
Benn

35 Gottfried Benn an Astrid Claes

25 X 54

Liebstes Fräulein Astrid, Sie haben sich beide Beine gebrochen? Ihre beiden hübschen Beine? Diese Mitteilung (beiläufig gemacht, wie es sich für eine raffinierte Schriftstellerin ziemt) tut mir aufrichtig weh. Aber stimmt es denn? Wo? Oberschenkel, Unterschenkel, Knöchel u wie kam das? Haben Sie Gipsverband? Kamen Sie in eine Klinik? Ihnen passiert viel, finde ich. Eben einem Auto entgangen, nun dies. Sie sind beunruhigend. Ich erlaube mir, über Ihre kranken Stellen zu streicheln u. die Hand auf sie zu legen, auf sie und auf Sie.

Entschuldigen Sie, wenn ich Frau an Sie adressierte u. Ihnen unangenehme Empfindungen dadurch erregte. Seien Sie nicht böse mehr.

Lohner – lassen wir doch dies Thema. Ich habe ihm seit Bremen nicht geschrieben u. nichts geschickt. Ich muss ihm dankbar sein, aber persönliche Beziehungen zu ihm habe ich nicht. Oelze wird ihm wohl geschrieben haben. Es geht mir nahe, mir vorzustellen, dass Sie es für möglich halten, ich spräche über Sie anders als in Verehrung u. Bewunderung. L. muss ein seltsamer Charakter sein, nur erklärlich sein Verhalten, wenn man voraussetzt, dass er Sie liebt. –

Meine Tochter, namens Nele, war 4 Tage bei mir. Eine reizende kleine Person, enorm intelligent, aber immer guter

Laune, zu jedem Jux aufgelegt. Geschieden, 2 Kinder, Zwillinge: Junge u. Mädchen, in sehr guten Verhältnissen, langjährige Redaktörin an der grössten Kopenhagener Zeitung (Berlinske Tidende), immer verliebt, sie wollte mich über ihren – jetzigen – *Poul* konsultieren, u. ich gab ihr aus dem reichen Schatz meiner Erfahrungen Rat u. Trost. Wir sprachen wie 2 Männer zusammen u. lachten uns gegenseitig aus. Gestern flog sie zurück. – (Entschuldigen Sie diesen familiären Excurs). »Denker u. Deuter im heutigen Europa« heisst ein gerade bei Stalling (Oldenburg) erschienener Band, in dem Ihr Kasseler Abendgefährte abgehandelt wird. Bei der Literaturangabe zum Schluss wird das jetzt bei Klett erscheinende Buch von Prof. Martini erwähnt, in dem ein grossartiger Aufsatz über mich steht. Das Buch heisst: »Das Wagnis der Sprache. Von Nietzsche bis Benn.« Dann 2 neue Gedichte, hoffentlich erregen sie nicht Ihr Missfallen. Ich muss dichten, da die Zeitungen gut dafür bezahlen u. ich brauche d'argent, pour financer mes voyages.

Ich bitte um detaillierte Angaben über Ihre Frisuren!

Zu Ihrem neulich gesandten Bild: mich stört der Säugling auf Ihrem Arm, sieht so blöd aus. Was liegt auf der Bank neben Ihnen? Pelz? Handtasche? Kinderwäsche?

»Herbst« ist nicht ganz die glanzvolle A.C. Herbstgedicht muss Orkus oder Halkyonien sein.

Mein liebes Davidchen, vergessen Sie nicht ganz

Ihren Sie mit Gedanken oft umschwärmenden

Gottfried Benn

36 Gottfried Benn an Astrid Claes

[Fleurop-Blumengruß]

25 X 54

Gute Besserung, mein lieber David. Reiten Sie nie mehr, stellen Sie sich ein Schaukelpferd in Ihre Bude – das würde beruhigen

Ihren
besorgten

Benn

37 Gottfried Benn an Astrid Claes

31 X 54

Liebes Fräulein Claes, für mich könnte es auf der ganzen Welt nur noch ein Glück geben: ein Stift, mit dem ich schreiben könnte, er müsste ganz weich sein, fast Kohle, violett in der Farbe, leicht, er müsste nicht mein Gehirn verkrampfen, wie es die Kugelschreiber tun u. die Füllfederhalter, die man immer jonglieren muss (dick, zu dick, dünn) u. immerzu nachfüllen, aber wo gibt es das. So kommt es, dass ich kaum noch Briefe schreibe.

So weit über das Glück. Also: Es waren Nelken. Sehr schade. Ich kam in das Fleuropgeschäft, dessen ich mich gelegentlich bediene, u. sah in einer hohen Vase 2 grosse schlanke Stengel mit unwahrscheinlich schönen, blassblauen Blüten, – weit, sternenförmig, etwas gelappt. Ich fragte »was sind das für Orchideen?« Keine Orchideen, antwortete man, das sind *Klematis*. Gibt es die wohl auch in Köln? »Sicher, Köln ist eine Blumenstadt«. Also 4 solche

Stengel, wenn sie absolut schön sind, so wie diese. Wenn das nicht, dann Nelken, rot u. weiss – . Wenn eine Beziehung beginnt, sind Nelken angebracht. Wenn es sich aber um eine ältere, engere Beziehung handelt, sind sie etwas zu kalt u. steif u. drücken das nicht aus, was man sagen wollte. Dies die Geschichte der Fleuropblumen.

Man sollte überhaupt einer Frau nur Blumen schicken, die man selber gesehn hat, selber empfunden, selber gestreift.

Nun *W.* Sicher hat Ihnen wieder die trübe Lohnerquelle hier etwas vorgemacht, vorgemurmelt. W. ist der billigste (und primitivste) Ort, den ich je gesehn. Dazu langte mein Geld immer. Ich meinte etwas anderes: November Reise nach Bern (Radio, hochbezahlt); im Dezember nach einer norddeutschen Universitätsstadt, dazu vielleicht noch 2 Provinzorte. Und da ich gerne lange u. bequem reise u. nicht duschenloser u. badeärmer als in der Bozenerstr., kostet mich mein Reisen beinahe immer mehr Geld, als ich einnehme. Tut nichts. Dies nur zur Aufklärung hinsichtlich W.

Ad Beinbrüche. Ich konnte mir nicht vorstellen, dass Sie dieses schwerwiegende Ereignis so beiläufig auf Seite 3 Ihres Briefes erwähnten, ich finde es auch rückblickend etwas scandalös von Ihnen. (Jetzt kratzt dieser neue Kopierstift schon wieder!) Fort mit ihm! Füllfederhalter (Montblanc, M. 55): den Aufsatz von Ruth Lorbe sende ich Ihnen. Den grösseren engl. Aufsatz in Encontre (Herausgeber Steven Spencer) hat Oelze. Er wäre sicher stolz, ihn Ihnen zu senden. (Adresse: Dr. F.W. Oelze, Br.-Oberneuland, Oberneulander Landstr 70)

Ein langer französischer wird Sie nicht interessieren, da über »Double Vie« (»Doppelleben«). Der Schüler von Staiger in Zürich ist sehr an der Arbeit, schreibt er. (Was das Alles angeht, so gilt Ihr Vers: »und keiner sieht, wie er im Dunkel lacht«).

Gute Besserung, liebe Astrid. Wie soll ich eigentlich unterschreiben? Ich weiss es nicht:

Ihr Gottfried Benn

Ich kenne Ruth nicht, habe ihr aber gedankt. Ich sende es Ihnen, da Ihr Händestreichelfreund K.K. vorkommt!

Be.

38 Gottfried Benn an Rainer Gruenter

6 XI 54.

Sehr verehrter Herr Gruenter,
vielen Dank für Ihren Brief vom 3.XI. Unbedingt müssen wir versuchen, diese grossartige Astrid in die Öffentlichkeit zu bringen. An Gedichten schlage ich vor: »The Raven«, »Delphin« u. »Schwan«. An Prosa »Gin« Hinsichtlich der Gedichte will gerne sofort an den »Merkur« schreiben. Herrn Holthusen brauche ich nicht dazu. Auch »Akzente« käme in Frage, aber »Merkur« wäre stilvoller. Schreiben Sie mir bitte, welche Gedichte Sie ins Auge fassen u. wie Sie vorgehen wollen. Ich stehe ganz zu Ihrer Verfügung.

Ich freue mich, von Ihnen persönlich gehört zu haben.

Mit vielen Grüssen

Ihr ergebener
Gottfried Benn.

39 Gottfried Benn an Rainer Gruenter

11. XI 54

Sehr geehrter Herr Gruenter,
zu Ihrem Brief vom 10 XI teilen Sie mir doch bitte mit, ob Sie mit Herrn Paeschke schon über die Gedichte korrespondiert hatten u. ob Herr P. sie schon vorliegen hatte. Das geht aus Ihren Zeilen nicht klar hervor, scheint mir aber für mein Eingreifen wichtig zu wissen.

Mit vielen Grüssen

Ihr ergebener
Benn

40 Gottfried Benn

[Rezept]

13. November 1954

Phanodorm-Calcium
S. abends 1/2 Stunde vor dem Schlafengehn 1 Tabl.
Für Fräulein Dr. Astrid Claes in Köln-Lindenthal.
Benn

41 Gottfried Benn an Astrid Claes

Berlin-Schöneberg
Bozener Str. 20
Tel.: 71 20 97

12 XII 54

Liebe Astrid, die »Fackel« ist wieder ein schönes Gedicht. Aber ich kann nicht schreiben, da ich morgen schon wieder auf Reisen gehe. Soweit ich mich erinnere, war ich auch in Bern u. dann einige Tage am Bodensee. Ich werde erst Weihnachten Zeit haben, an das einjährige Bestehen unserer Freundschaft zu denken.

Gerne hätte ich gewusst, wie es Ihren Beinen geht, aber Sie schreiben nicht davon.

Bitte glauben Sie, dass ich oft an Sie denke:

Ihr
Spreu-im-Wind
Gottfried Benn

42 Gottfried Benn an Astrid Claes

Berlin-Schöneberg
Bozener Str. 20 pt.
Tel.: 71 20 97
Zu sprechen: nur nach Vereinbarung

22 XII 54.

Liebe, kleine, kluge Astrid,

nehmen Sie zu Weihnachten wenigstens einen Gruss von mir. Können Sie eigentlich schon wieder ausgehn u. in Ihrem Lokal mit Herrn Gr. einen Wisky trinken? Und wo sind Sie Heiligabend? Ich will nicht mit Plattheiten vor Ihren strengen Blick treten, darum sage ich nur, es gab im Juni einen schönen kurzen Tag, von nachmittags um 3 Uhr bis morgens um 10.

Gedenken wir in der Sylvesterstunde, falls wir auf sind, dessen.

Ihr

Gottfried Benn

43 Gottfried Benn an Astrid Claes

Berlin-Schöneberg
Bozener Str. 20 pt.
Tel.: 71 20 97
Zu sprechen: nur nach Vereinbarung

6 I. 55.

Liebe Astrid, Ihr freundlicher Brief vom 1 I 55 kam *heute* bei mir an. Es ist also wohl keine Chance, dass mein Gruss zum 7. I. noch vor Ihrer Abreise in Jena wäre. Nun wird der weisse Flieder in der Gleuelerstr verwelkt sein u. mein Telegramm wird garnicht gesandt. Ich sehe aber jedenfalls zu meiner grossen Freude, dass Sie wieder geh- u. reisefähig sind. Ist ein Bein verkürzt, müssen Sie hinken?

Was werden Sie denn in Köln nun machen: weiter studieren u. halbtägig in den Verlag gehn u. Lektorin spielen? Antworten Sie doch bitte mal. (Konkreter.)

Keine besondere Stimmung hier. Muss ein paar Sachen schreiben, die mich ennuyieren. Reisen werde ich nie mehr; zu schwierig alles, zu ermüdend. Setze mich nur noch am Bayerischen Platz auf eine Bank u. schaue in die Sonne.

Zum Geburtstag alles Liebe.

Ihr

Gottfried Benn

Schauen Sie in Kassel aus dem Fenster, bei der Rückreise?

44 Gottfried Benn an Astrid Claes

[Fleurop-Blumengruss]
7 I. 55

Meine herzlichsten Glückwünsche zu Ihrem Geburtstag am 7 Januar!

Ihr

Gottfried Benn.

45 Gottfried Benn an Astrid Claes

8. II. 55

Sie brauchen mir nicht zu danken, Teuerste, Sie müssen Ihrem Schöpfer danken für Ihr Talent u. sich selber für Ihre Tragfähigkeit im Inneren, in der Dunkelkammer, wo die Bilder entwickelt werden. – Aber fix sind diese Jungen! Ich hatte Ihre Strasse nicht angegeben, nur Köln-Lindenthal geschrieben, aber vermutlich sind Sie schon so bekannt, dass man Sie findet. Dafür haben mir diese Burschen auf meinen Brief garnicht geantwortet, was ich sehr ungezogen finde – nein: fände, wenn nicht die Ungezogenheit dieser Literaturleute mir so gut bekannt wäre.

Dass Herr Lohner weiss, es gehe mir sehr gut, ist drollig. Ich selber weiss es nicht; schrieb ihm in Vertretung des schwer kranken Herrn Oelze.

Auden: jenes Gedicht, das sie mir vor Ewigkeiten übergaben (über die Grossen Meister) scheint mir sehr viel schöner zu sein als das heutige.

Und nun Harvard: ich kann doch kein Englisch. Kann ich das denn deutsch schreiben? UAwg.

In alter Freundschaft, lieber David,
Ihr
G.B.

46 Gottfried Benn an Astrid Claes

Berlin-Schöneberg
Bozener Str. 20 pt.
Tel.: 71 20 97
Zu sprechen: nur nach Vereinbarung

11.II 55.

(Die Elf ist eine Zahl, die ich nicht gern schreibe, grapho=technisch, dagegen 2 u. 5 gern.)

Dank für Schreiben vom 9 II. Herr H. hat es Ihnen offenbar angetan, halte weiter nichts von ihm. – Was Herrn L. betrifft: ich war nie in Wien, habe nicht den geringsten Vortrag gehalten. Sie sehen, wer Sie alles umgibt! An Harvard schreibe ich morgen, wenn meine Secretärin kommt. Was eigentlich? Sie hätten mir das gleich aufschreiben können.

Was Sie über »Last« u. »Gut« schreiben, verstehe ich überhaupt nicht, bin wohl zu dumm dazu.

Faulkner – Sie sollten lieber selber was schreiben.

Davidchen, geraten Sie nicht zu totalitär in die Literaturbetriebsamkeit, wäre schade um A.C. Dass *Gin* erscheint, freut mich ungemein. Mein Verleger interessiert sich auch für Ihre Gedichte.

Le pauvre vieux

G.B.

G.B. 1946
arm, verlassen, verhungert.
Bitte zurück

Be

47 Gottfried Benn an Astrid Claes

Bln.-Schöneberg, Bozener Str. 20

15 II 55.

Liebes Fräulein Astrid,
ich komme heute mit einer sehr heiklen, persönlichen Sache zu Ihnen, wollen Sie sie bitte im Sinne unserer freundschaftlichen Beziehungen auffassen.

Sie sind doch, wie Sie mir schrieben, in Verbindung, als Lektorin oder dergl., mit dem Michael Winkler Verlag in K-Lindenthal. Da sind doch auch Ihre Leuchtturm=Bücher erschienen. Nun wissen Sie, ich habe in Worpswede eine Bekannte (in anderem Sinne als Herr Lohner vielleicht annimmt), die auch in Jugend- Kinder- u. pädagog. Literatur seit Jahren arbeitet. Viele ihrer kleinen Bücher sind im Verlag Eilers u. Schünemann in Bremen erschienen, ferner ist sie Mitarbeiterin an einer Hannoverschen Zeitschrift »Jugend u. Welt«. Sie möchte sich verändern u. eventuell eine Art fester Stellung bekommen, während sie jetzt »freier Schriftsteller« ist. Glauben Sie, verehrte Astrid, dass der

Kölner Verlag für sie Interesse haben könnte? Diese junge Dame ist 33 Jahre, kohlrabenschwarz, ihre Mutter war Italienerin, aus gutem Haus, hat philol. Staatsexamen in Geschichte, Lateinisch, Deutsch gemacht u. ist dank ihrem langjährigen Illustrator ihrer Bücher, der ihr Freund war, in ziemlich schwierige Verhältnisse gekommen. Sie möchte aus Worpswede u. Bremen fort.

Sie ist ausserordentlich begabt, literarisch (nicht produktiv) u. vor allem kunstwissenschaftlich enorm gebildet, kann mehrere Sprachen, ist viel gereist. Sie hat auch grösste pädagogische Erfahrungen u. ist eine recht attraktive Person. Sie ist eine Landmännin von mir, aus der Neumark, ich kannte schon ihre Eltern u. würde ihr gerne behilflich sein, aus ihrem Schlamassel herauszukommen. Daher meine Anfrage an Sie. Ich lege zu Ihrer Orientierung einen Umschlag eines der Bücher von Eilers u. Schünemann bei.

Ich weiss, wie undankbar es ist, solche Fragen u. Vermittlungen an jemanden bittend zu richten. Aber vielleicht haben Sie die Güte, mir kurz zu antworten, was Sie davon halten. Frl. Z. hat in Bremen nach dem Krieg die »Pädagogische Arbeitsstelle« mit den Amerikanern aufgebaut, hat in Berlin eine Volkshochschule geleitet u. ist organisatorisch jedem Mann überlegen. Sie ist manchmal etwas schwierig, aber sie ist sehr klug u. jeder Aufgabe gewachsen.

Nehmen Sie dieses lange Schreiben nicht übel u. antworten Sie mir bitte.

Mit herzlichem Gruss

Ihr

Gottfried Benn.

48 Gottfried Benn an Astrid Claes

Bln.-Schöneberg, Bozener Str. 20

17 II 55

L.A.

ein netter, aber drolliger Kerl dieser L. Er hatte schon vor einigen Tagen an mich geschrieben, er habe sofort bei Höllerer *seinen Einfluss* eingesetzt, dass er die Gedichte aber auch wirklich bringe!

Ich habe inzwischen von Herrn Bender Nachricht bekommen, sie bringen: *The Raven, Delphin, Ratten.* (Wie von mir vorgeschlagen). Las *Delphin* gestern nochmal, es ist wirklich wunderbar schön. The Raven vielleicht noch eine Idee sublimer, »weniger drin« – was ja für ein Gedicht so ausschlaggebend ist. (In den meisten ist »zuviel drin«, nicht in Ihren, aber in andren, die ich leider zu sehn bekomme)

Ich hoffe, liebe Astrid, Sie haben mir meine Anfrage hinsichtlich der Dame nicht übel genommen. Ich wäre – unter uns gesagt – so froh, wenn sie etwas weiter fortkäme.

Bitte den Lohner-Brief gelegentlich zurück.

Immer
Ihr Sie verehrender

Benn.

49 Gottfried Benn an Astrid Claes

Berlin-Schöneberg
Bozener Str. 20 pt.
Tel.: 71 20 97
Zu sprechen: nur nach Vereinbarung

18 II 55

L. A. Dank für reizenden Brief vom 17. II. – Sehr lieb von Ihnen, sich damit zu beschäftigen.

Aber nein! Keineswegs! Höchst achtbare junge Dame. Es handelt sich ganz allein um finanzielle Fragen, sie hat sich sozusagen in den Verlägen ausgeschrieben, an denen sie 5 Jahre arbeitete u. der langjährige Partner, der ihre Sachen mit Holzschnitten versah u. auch noch versieht, ist ihr wohl etwas lästig geworden u. verdient selber sehr wenig. Sie scheint ihn, den Eindruck habe ich, noch gelegentlich unterstützen zu müssen. Sie lebt sehr, sehr bescheiden, fast armselig, ist unnahbar für unseriöse Sachen, u. wenn sie nicht wirklich sehr begabt u. ungewöhnlich intelligent wäre, würde ich keinen Finger für sie rühren u. Sie nicht angehn.

Dank, Gruss. Handkuss!

Ihr Benn

50 Gottfried Benn an Astrid Claes

24 II 55

Liebes Fräulein Claes,
habe sofort nach Godesberg geschrieben u. Sie wunschgemäß als intelligent u. aufgeschlossen geschildert.
Ich las in diesen Tagen nochmal Ihr Gedicht: »Der Schwan«. Ein sehr schönes Gedicht – könnten Sie nicht die erste Strophe modifizieren, namentlich die 2. Reihe? Oder *nur* die 2. Reihe? Dass Rosen stöhnen, will mir nicht in den Sinn. Sonst ist alles wunderbar.

Herzlich
Ihr

Benn

51 Gottfried Benn an Astrid Claes

1. III 55.

Liebe Astrid, tausend Dank für den langen Brief, herzlichsten Dank für Ihre grossen Bemühungen. Es ist unbeschreiblich gütig von Ihnen, Ihre jetzt durch Ihre eigenen Dinge so beanspruchte Zeit dafür zu opfern. Ich werde Frl Z. den Inhalt Ihres Schreibens bekannt geben u. ihr nahelegen, sich an Sie zu wenden. Die Adresse von Frl. Z. ist: (*Worpswede* (über Bremen) W. 108. Postleitzahl: 23. In W. haben die Häuser Nummern).

Hinsichtlich Ihrer Gedichte können Sie natürlich an H. schreiben. Aber objektiv, glaube ich, ist die Wahl nicht schlecht. Ich hatte gestern von H. einen längeren Brief, über Sie schreibt er sehr eingenommen u. meint: »Sie scheint mir zu den wenigen zu gehören, von denen noch manches zu erwarten ist.«

»Weil sie nicht so tut, als sei sie ›modern‹, ist sie es in hohem Masse.« Der Brief von H. ist nett u. angenehm, ich nehme einiges zurück von dem, was ich über ihn dachte u. an Sie schrieb.

Heute nur diesen kurzen Dank.

Sahen Sie das letzte Heft der »Akzente« mit dem sonderbaren Gedicht von G. B.? *Orpheus*: »u. eine starrt ...« War eine bestimmte Person, gross, gelbgefleckt der Teint – das ganze Gedicht entstand noch aus meiner Trauer über den Selbstmord meiner 2. Frau (durch die Russen) u. das Gedicht ist wohl kaum zu verstehen ohne die Kenntnis von Ovids *»Verwandlungen«*, wo das geschildert ist. (Diese »Verwandlungen« sind ja ein fascinierendes Buch, bei Reclam seinerzeit verdeutscht erschienen).

Dank nochmals, meine liebe, liebe Astrid.

Ihr

Benn

52 Gottfried Benn an Astrid Claes

L. Frl. A. ich bestellte das für Sie, aber leider ist es ein Kompendium mit vielen Auslassungen, u. gerade bei Orpheus (S. 39) fehlt der 2. Teil, der den Tod schildert. Die frühere Reclamausgabe war viel besser, auch in Bezug auf die Übersetzung. Diese verfluchten Modernen!

Ihr

Benn

5 III 55

53 Gottfried Benn an Asrtrid Claes

8 IV 55.

Liebes Fräulein Astrid, ich habe sehr vermisst, dass ich garnichts mehr von Ihnen zu hören bekommen habe. Unsere letzte Beziehung war, dass ich Ihnen einen Brief von Lohner sandte, hinsichtlich dessen er sich dann bei mir beschwert hat, dass ich den Brief an Sie geschickt habe. Das haben Sie ihm offenbar mitgeteilt. Nun, es tut nicht viel, aber ich teile es Ihnen mit.

Ich freue mich, im neuen Heft der »Akzente« Ihre 3 schönen Gedichte zu sehn. Ich hoffe sehr, es freut Sie auch, Ihre literarische Karrière nun begonnen zu sehn. Für das Weitere werden Sie schon selber sorgen. Von meinem Verleger hörte ich auch, dass er Ihre Gedichte als Band bringen will. Moriturus te saluto, Astrid.

Von Frl. Z. aus Worpswede erfuhr ich ferner, dass Sie so liebenswürdig in Köln zu ihr waren, nehmen Sie meinen Dank dafür. Sie will ja nun am 15. IV bei Herrn Winkler beginnen, hoffentlich gefallen sie sich beide.

Und sonst, Verehrte? Gehn Sie nach U.SA? Oder bleiben Sie uns erhalten? Was macht das Studium, setzen Sie es eigentlich fort?

Von hier nichts Neues. Vielleicht lassen Sie sich herab u. schreiben einmal wieder

Ihrem Ihnen gute Ostern wünschenden

Benn.

54 Gottfried Benn an Astrid Claes

Berlin-Schöneberg
Bozener Str. 20
Tel.: 71 20 97

12. V 55.

Liebe Astrid, vielen Dank für den freundlichen Brief zu meinem Geburtstag u. für den vom 10.V, einschl. den Rilkeaufsatz u. die veränderten Gedichte. Ich habe am vorigen Donnerstag zwar lebhaft an Ihr Examen gedacht, aber den Daumen nicht gedrückt, da es für mich ganz selbstverständlich war, dass Sie mit »sehr gut« bestehn. Gratuliere aber nun dazu. Den Aufsatz habe ich erst kurz überflogen, werde ihn gründlich lesen, später. Von den Gedichten fand ich die letzte Strophe vom Schwan *früher* unvergleichlich suggestiver, ganz unvergleichlich sogar, aber ich will Sie nicht beeinflussen.

Über Frl. Z. bitte ich mir eine Stellungnahme zu erlassen ausser der, dass Sie mit Ihrer Beurteilung leider sehr recht haben.

Dass Sie in Berlin waren, ohne mich zu benachrichtigen, bedauere ich aber ganz aufrichtig. Das finde ich nicht, beinahe wollte ich sagen: nicht ganz fair. Besonders nachdem Sie mir Ihren Besuch schon für Januar in Aussicht gestellt hatten. Ich möchte Ihnen dafür eine Strafe auferlegen: nämlich dass Sie mir *Whisky* bald senden.

Gehn Sie nun eigentlich nach U.SA? Könnten Sie mir jenen Brief von Lohner zurücksenden, den ich Ihnen sandte? Der darin apostrophierte Herr Haller hat sich als heimtückischer erwiesen als ich von ihm annahm, ich würde gern das Urteil von L. noch einmal lesen.

Mit Grüssen u. Dank u. der Versicherung meiner wirklichen Freundschaft

Ihr

Gottfried Benn

55 Gottfried Benn an Astrid Claes

Berlin-Schöneberg
Bozener Str. 20
Tel.: 71 20 97

2 VI 55

Liebe, verehrte Astrid, Ihr Brief vom 1. VI ist grosszügig, Sie sind ein schicker Mensch, gottseidank, dass Sie so lieb geschrieben haben, ich zitterte ein wenig vor seinem Eintreffen.

Ich will es kurz machen: ich habe mich in meinen alten Jahren noch einmal düpieren lassen u. erst spät eingesehn, in was ich geraten war. Dass ich in etwas so Schlimmes und Taktloses und Verlogenes geraten war, habe ich erst jetzt u. dank der Affäre in Köln eingesehn. Ich habe meine Beziehung zu Frl Z. abgebrochen u. eine Wiederkehr wird es nicht geben. Es macht mich natürlich nachdenklich, dass mir das passiert, ist mir auch peinlich, aber nun zusammenbrechen kann ich auch nicht, wenn Sie, liebe Astrid, mir die Freiheit geben, mich durch weitere langjährige (-vielleicht-) Freundschaftsbeziehungen vor Ihnen zu rechtfertigen.

Dass *alles* gelogen ist, was Frl Z. etwa als meine Ansicht Ihres Talents von sich gegeben hat, will ich erst garnicht bekunden. Es verblüfft mich schlechthin u. ist mir rätselhaft. Was ich von Ihnen halte, kann Ihnen Herr *Höllerer* erzählen, der neulich bei mir war, um sich zu bedanken, dass er Sie durch mich kennen gelernt habe (Herr H. ist tatsächlich so nett, wie Sie ihn schilderten).

Ich habe noch zu schreiben über Ihre Arbeit über das Rilkebuch, sehr gut, könnte ich nicht, besonders der Schlussteil gut. Sende das Buch selbst in diesen Tagen zurück.

Handkuss, liebe liebe Astrid, Gruss an Herrn Gr. (Gottseidank, dass es noch anständige Menschen einige gibt)

Immer Ihr
Benn

56 Gottfried Benn an Astrid Claes

Berlin-Schöneberg
Bozener Str. 20
Tel.: 71 20 97

27 VI 55.

Sehr verehrtes Fräulein Claes,
Dank für Ihren Brief vom 25. VI Dass ich Ihnen über Whisky noch nicht schrieb, hat den Grund, dass ich sehr erheblich erkrankte u. es auch heute noch bin. Habe einen sehr hohen Blutdruck, darf weder essen noch trinken noch rauchen, muss still liegen, kann nichts unternehmen. Ich werde Ihnen also das Manuscript zurücksenden.

Frl Z. war wohl in Berlin, aber nicht *bei mir*. Ich sah sie einmal in einem Café, um sie über einen überaus törichten Brief zur Rede zu stellen. – Was Ihre Gedichte angeht, so weiss ich nicht, wann Herr N. sie herausbringen will, aber dass er sie herausbringt, schien mir ganz sicher. Frl Z. hat überhaupt nichts damit zu tun, sie kennt keinen vom Verlag Limes. – Alles in Allem eine sehr üble Sache, aber sie wird dadurch nicht besser, dass Sie und Herr Grünter sie weiterverfolgen wollen. So wichtig ist doch das Geschnatter garnicht.

Entschuldigen Sie mich, wenn ich wegen meines Zustands nicht mehr dazu schreibe. Frl. Z. würde sich doch masslos wichtig vorkommen, wenn sie von Ihnen so wichtig genommen würde.

Viele Grüsse. Ihr

Benn

Wie sehr Frl. Z. schwindelt, sehn Sie aus der einen Tatsache, dass sie an Winklers schrieb, sie sei »bei mir« in Berlin. Sie war überhaupt nicht bei mir, ich wusste garnicht, dass sie hier ist, bis ich wieder einen frechen erpresserischen Brief bekam, wegen dessen ich sie zur Rede stellen musste. Natürlich erzählte sie auch von Ihnen, ich weiss nicht, ob das alles stimmt, Sie seien mit ihr bei ihrem ersten Besuch in Köln ein Herz u. eine Seele gewesen, hätten sie in Worpswede besuchen wollen, sie wollte eine Ausstellung Ihrer Bilder machen, Herr Gr. sei begeistert darüber gewesen, Sie hätten Ihre Post aus U.SA schon zu ihr nach W. schicken lassen u.s.w.

Liebe Astrid Claes, ich kann mich bei meinem augenblicklichen Gesundheitszustand nicht eingehender hiermit befassen. Ich erlaube mir nur, Sie u. Herrn Gr. zu bitten, sich nicht von Neuem mit ihr einzulassen. Sie ist intelligent, aber völlig amoralisch, sie birst vor Geltungsbedürfnis, u. keinen grösseren Gefallen könnten Sie ihr tun, als sie zu beachten. Es gibt ihr gegenüber nur eins, was ich leider erst zu spät bemerkt habe: sie ausschalten und kaltstellen.

Ihr

G Benn

bitte wenden!

Und noch eins:
Im letzten Heft der »Akzente« steht eine Sache »Die Strasse« von Ruth Strelitz. Hinten steht: Ruth Strelitz wohnt in Worpswede. Das fiel mir auf. Ich fragte Frl. Z. bei unserm Treffen, ob sie das sei. Sie ist es. Ich erkläre Ihnen, Astrid, dass ich das Ding nicht kannte, ihr keinerlei Empfehlung an »Akzente« gab. Auf meine Frage, wie sie an die Zeitschrift gekommen sei, wich sie aus, dann deutete sie an, dass es über einige homosexuelle Beziehungen gewesen sei. Wie weit sie meinen Namen als Vorspann verwendet hat, weiss ich nicht. Habe auch gar keine Lust, noch einen Gedanken daran zu verlieren.

G.

57 Gottfried Benn an Astrid Claes

Berlin-Schöneberg
Bozener Str. 20 pt.
Tel.: 71 20 97
Zu sprechen: nur nach Vereinbarung

28 VI 55

Da Sie es wünschen, mit Dank zurück. Ich fand die Lektüre sehr, sehr interessant.

Benn

58 Gottfried Benn an Astrid Claes

[Postkarte aus Westerland/Sylt]

Westerland 19. VIII 55.

Verehrteste, seit 3 Wochen frequentiere ich die Ost- u. Nordseebäder u. bin braun wie ein Eichhörnchen, obschon dies Bild nicht gut auf mich passt. Viele Grüsse an Sie u. Ihre Umgebung, soweit sie mir bekannt ist.

Ihr Sie sehr verehrender Gottfried Benn.

Auch ich verehre Ihre Gedichte i.d. Akzenten sehr! Ihre ergebene Ilse Benn.

59 Gottfried Benn an Astrid Claes

Berlin-Schöneberg
Bozener Str. 20
Tel.: 71 20 97

24 VIII 55.

Liebes Fräulein Astrid, aus den 50 Postsachen, die ich heute nacht vorfand, als ich nach Hause kam, nahm ich Ihre Sendung sofort heraus, las, freute mich, war erstaunt. Zunächst meinen Glückwunsch zu dem Auftreten in »Origin«. Schöne Gedichte, die Übersetzungen kann ich nicht beurteilen. Sie sind schnell u. früh hochgekommen, dank Ihrer selber u. dank Herrn Lohner.

Herrn N.s Verhalten erstaunt nicht. Aber ich glaube nicht, dass er ungezogen sein *wollte.* Aber dass er es doch war, darin stimme ich mit Ihnen überein. Was Sie über seine Beurteilung von Herrn L. sagen, überrascht mich ebenso.

Ich weiss nichts von einer Übersetzung in Partisan Review, habe nie etwas davon gehört. Ich kümmere mich allerdings auch sehr wenig um die geschäftlichen Dinge u. überlasse sie Herrn N., an dessen Loyalität ich nie zu zweifeln Veranlassung hatte. Ich werde natürlich über die Bibliographie von Herrn L. mit N. reden – telefonisch – , aber Herr N. ist *Geschäfts*mann, er lässt sich schwer beeinflussen u. horcht sehr herum (bei seinen Vertretern), was Erfolgschancen hat u. was nicht.

Dass Sie in dem geplanten Verlagsalmanach vertreten sind u. aus Ihrer grossartigen Dr.arbeit etwas zur Verfügung stellen, verpflichtet mich Ihnen sehr zu Dank. Dass Alewyn hierher kommt, freut mich aufrichtig, ich werde in seine Vorlesungen gehn u. dann vielleicht das Vergnügen haben, die graue Eminenz Herrn Grünter endlich kennen zu lernen.

Mit nochmaligem Dank für Brief u. Sendung
Ihr Sie verehrender
Gottfried Benn.

60 Gottfried Benn an Astrid Claes

15 IX 55

Liebes Fräulein Astrid, in diesen Tagen fährt Herr Lohner wieder ab, mit dem Sie soviel zusammen waren u. der Ihnen so zur Seite stand. Das tut mir leid. Ich teile Ihren Kummer.

Vielen Dank für Ihren Brief vom 12 IX. in Sachen Aprèslude. Sie mögen das Heft nicht, schade für mich, aber es lässt sich nicht ändern. Ihr Urteil ist so pauschal, dass ich eigentlich nicht weiter darauf eingehen kann. Wenn ich fragte: »bitte, wo gehe ich gleichgültig mit dem Wort um?«

– das Technische betreffend, oder: »wo bemerken Sie bei mir eine Ungeduld«?, das Psychologische betreffend, würden Sie vielleicht Ihr Urteil garnicht sehr fundieren können. Aber es ist auch nicht wichtig. Es kann eben nicht jeder jeden Tag so schöne Gedichte machen wie »Delphin« oder »Mannequin«.

Etwas anderes noch. Ich habe in der 2. Oktoberhälfte eine Tournée in Westdeutschland u. hatte den Plan, Sie zu besuchen. Ich möchte mir sehr gerne Ihr Zimmer u. Ihren Balkon ansehn. Es wird um den 20. X sein. Sind Sie da in Köln? Ich hörte, Sie wollen noch nach Italien, – sind Sie dann zurück? Bitte teilen Sie mir das mit.

Viele Grüsse, liebe Astrid.

Immer
Ihr
Gottfried Benn

61 Gottfried Benn an Astrid Claes

27. 9. 55

Liebes Fräulein Astrid,
ich beeile mich Ihnen mitzuteilen, dass ich nun, da ich von Ihnen nichts hörte, meine Reise etwas anders disponiert habe. Ich werde diesmal nicht nach Köln kommen. Aber ich habe am 15. XI in Köln im NWDR zu tun, da könnten wir uns sehn.

Bleiben Sie so lange wie möglich in dem Garten mit Cypressen u. See.

Alles Gute.

Immer

Ihr Gottfried Benn

62 Gottfried Benn an Astrid Claes

Bln.-Schöneberg, Bozener Str. 20

3 XI 55.

Liebes Fräulein Astrid, wie ich durch Herrn Niedermayer hörte, waren Sie in Düsseldorf, als ich dort vorlas, haben mir aber nicht Guten Tag gesagt. Verstehe ich. Das Nameneinschreiben in die Bücher dauert immer lange u. Sie wollten nach Köln zurück. Aber nun frage ich an, ob ich Sie um den 15. XI. herum in Köln sehn darf? Die Rundfunksache ist am 15. XI., ich vermute abends. Aber am 16. könnten wir uns sehn, wenn Sie Zeit u. Stimmung haben. Ich käme gerne zu Ihnen, um Ihr Zimmer kennen zu lernen; ausserdem aber lade ich Sie ins Dom Hotel, wo ich einquartiert werde, zum Lunch oder Thee oder Abendessen ein. Bitte geben Sie mir hierher Nachricht, wie es mit Ihrer Zeit bestellt ist. Abreisen werde ich wohl – nun, das hängt vom Nebel oder Nicht-Nebel ab, nämlich, ob ich fliegen kann oder mit der Bahn fahren. Am 16. XI habe ich kurz für Radio Basel etwas auf Band zu sprechen, aber das dauert nicht lange. Ob Sie als Begleiter Herrn R. Grünter haben wollen, hängt ganz von Ihnen ab. Einerseits: da er Ihnen so nahe steht, machte ich gerne seine Bekanntschaft, andererseits liegt mir mehr daran, Sie zu sehn u. zu sprechen.

Also liebe u. verehrte Astrid, bitte teilen Sie mir mit, wie Sie gesonnen sind. – Dank für die beiden Karten aus Italien.

Mit Handkuss Ihr

Gottfried Benn

63 Gottfried Benn an Astrid Claes

13/XI.

Was Geographie angeht, liebe Astrid, bitte:

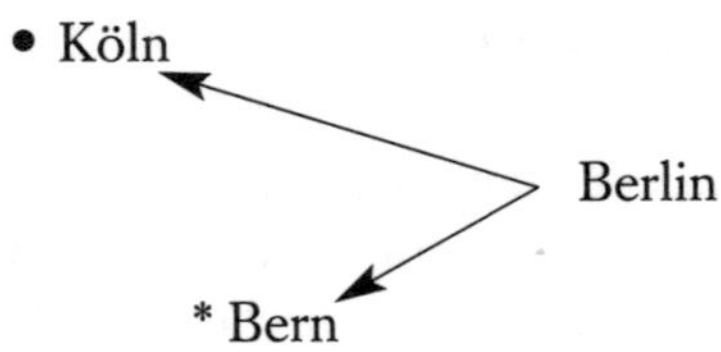

November ist ein leidlicher Monat, weit besser als März z.B.

Von L.=Sch kenne ich kein Buch *»Konzert«*. Was möchten Sie sonst noch haben? Frühre habe ich noch einige.

Trakl ist mir nicht sehr nahe, verstehe seinen grossen Ruhm nicht ganz (deutscher Ruhm – : mit gold u. braun u. blau u. grün u. viel Verworrenheit, alles sanft u. milde)

Wann werden Sie etwas gehn können? Kümmert sich Ihre Mutter um Sie?

Ich bin etwa am 28 XI. wieder Bozenerstr. Immer Ihr

Benn

64 Gottfried Benn an Astrid Claes

Dom-Hotel – Köln
Köln am Rhein

16 XI 55. 10 h

Liebes Fräulein Astrid, ich komme nach Hause u. man richtet mir Ihre Botschaft aus. Verstehe ich nicht ganz. Wieso war der Abend missglückt?

Ich habe Herrn Gr. kennen gelernt, u. das wollten wir ja beide, Sie und ich, u. ich habe Sie eine Weile gesehn – das ist doch allerlei.

Leben Sie wohl. In Gedanken werde ich Ihrer oft mich erinnern, nun, da ich Ihre Strasse kenne, umso mehr. Alles Liebe u. einen Handkuss von Ihrem müden

G.B.

65 Gottfried Benn an Astrid Claes

Bln.-Schöneberg, Bozener Str. 20

7 V 56.

Vielen Dank, liebe Astrid Claes, für Ihren freundlichen Glückwunsch zu meinem Geburtstag. Dank auch für Ihre schönen Gedichte. Werde vielleicht darüber etwas schreiben. Bin im Augenblick zu müde und erschöpft, um mehr zu erzählen.

Sie sind umgezogen?

Meine Frau lässt grüssen u. danken.

Ihr

Gottfried Benn

66 Gottfried Benn an Astrid Claes

Meinen aufrichtigsten Dank
für Ihren freundlichen Glückwunsch
zu meinem 70. Geburtstag

Gottfried Benn

23 V 56

Las »Gin« wieder. Grossartige Raffinements darin, unverständlich tiefsinnige. Und ich sagte mir wieder, wieviel Resignation, wieviel Zucht, wieviel Überspringen seiner selbst, seiner Leidenschaften u. seiner Leiden dazu gehört, sowas Seltsames, Schweres, Undurchschaubares zu schreiben. Und The Raven bleibt eine der wunderbarsten Melodieen, die ich je gehört habe. Wie muss man Sie schonen u. schützen.

(Bin wieder krank, kann kaum schreiben).

For ever: Gottfr. Benn

Anmerkungen

Zur Edition

Die Briefe Gottfried Benns an Astrid Claes werden hier, erweitert um zwei Briefe an Rainer Gruenter, erstmals vollständig und mit den für das Verständnis notwendigen Erläuterungen vorgelegt. Die Originale befinden sich im Besitz der Adressatin. Ihr sei an dieser Stelle für ihre Bereitschaft gedankt, die Originale zugänglich zu machen, sowie für wertvolle Auskünfte in Detailfragen.

Die vorliegende Ausgabe lag im Sommer 1997 druckfertig vor, konnte aber auf Grund einer drohenden Intervention von Ursula Ziebarth damals nicht zum Druck gebracht werden. Vgl. Hernach. Gottfried Benns Briefe an Ursula Ziebarth. Göttingen 2001, S. 371.

Die Briefe werden in diplomatisch getreuer Transkription wiedergegeben. Hervorhebungen durch Unterstreichungen im Manuskript werden im Druck durch Kursivierung wiedergegeben. Neun Briefe waren zuvor schon in: ›Ausgewählte Briefe‹. Wiesbaden (Limes) 1957 veröffentlicht worden: Br. 5 vom 17. 4. 1954 in: ›A. Br.‹, S. 260–262; Br. 6 vom 21. 4. 1954 in: ›A. Br.‹, S. 263–265; Br. 14 vom 1. 7. 1954 in: ›A. Br.‹, S. 269; Br. 21 vom 25. 7. 1954 in: ›A. Br.‹, S. 269–272; Br. 23 vom 30. 7. 1954 in: ›A. Br.‹, S. 272 f.; Br. 32 vom 22. 9. 1954 in: ›A. Br.‹, S. 277 f.; Br. 48 vom 17. 2. 1955 in: ›A. Br.‹, S. 282; Br. 60 vom 15. 9. 1955 in: ›A. Br.‹, S. 293; Br. 65 vom 7. 5. 1956 in: ›A. Br.‹, S. 314. Die Differenzen im Wortlaut zu diesem früheren Druck sind darauf zurückzuführen, daß in den ›A. Br.‹ Teile mehrerer nicht zusammengehöriger Briefe unzulässigerweise unter dem Datum eines einzigen Schreibens zusammengefaßt wurden.

Die Manuskripte und Typoskripte der Briefe von Astrid Claes an Gottfried Benn befinden sich, soweit vorhanden, im Deutschen Literaturarchiv in Marbach am Neckar (Signatur A: Benn 91.114.217/1–26; 218/1–17; 219/1–3; 220/1–4). Da Gottfried Benn in seinen Briefen häufig auf Fragen oder Stichworte aus diesen Briefen eingeht, wird aus ihnen in den Anmerkungen immer dort zitiert, wo dies für das Verständnis der Bennschen Texte notwendig ist.

In den Anmerkungen wird folgende Literatur in Abkürzungen zitiert:

›Gesammelte Werke III‹

Gottfried Benn: Gedichte. Gesammelte Werke in vier Bänden. Hg. von Dieter Wellershoff. Bd. III: Gedichte. Wiesbaden 1960.

›Gedichte. In der Fassung der Erstdrucke‹

Gottfried Benn: Gedichte. In der Fassung der Erstdrucke. Hg. von Bruno Hillebrand. Frankfurt/M. 1982.

›Sämtliche Werke I‹

Gottfried Benn: Sämtliche Werke. Band I. Gedichte 1. Hg. von Gerhard Schuster. Stuttgart 1986.

›A. Br.‹

Gottfried Benn: Ausgewählte Briefe. Mit einem Nachwort von Max Rychner. Wiesbaden 1957.

›Briefe an Oelze‹

Gottfried Benn: Briefe an F. W. Oelze. Hg. von Harald Steinhagen und Jürgen Schröder. Bd. I: 1932–1945. Bd. II, 1: 1945–1949; Bd. II, 2: 1950–1956. Wiesbaden und München 1977–1980.

›Gottfried Benn 1886–1956‹

Gottfried Benn 1886–1956. Eine Ausstellung des Deutschen Literaturarchivs im Schiller-Nationalmuseum Marbach am Neckar 1986 (Marbacher Kataloge 41).

›Der Mannequin‹

Astrid Claes: Der Mannequin. Wiesbaden (Limes) 1956 (Dichtung unserer Zeit Heft 8). [Widmung:] »Dem Freund meines Freundes: Meinem teuren Lehrer Richard Alewyn«.

1
Ihren Brief: Im Spätherbst 1951 hatte A.C. sich brieflich an G.B. mit der Bitte gewandt, ihn in Berlin besuchen zu dürfen. Im selben Jahr hatte sie ihr Dissertationsvorhaben über G.B.s Lyrik an der Universität zu Köln begonnen. Der Besuch in Berlin kam nicht zustande, weil A.C. im Jahr 1952 ihr Studium in London fortsetzte.

2
In einem Brief vom 22.11.1952 wiederholte A.C. ihre ein Jahr zuvor ausgesprochene Bitte, G.B. in Berlin besuchen zu dürfen, »um Sie mit dem einen oder anderen Abschnitt meiner Arbeit (über Ihre Lyrik) bekannt zu machen und um Sie zu sehen«. Auch dieser Besuch kam nicht zustande. A.C. begründete ihr Ausbleiben in einem Brief vom 25.12. 1953 folgendermaßen: »Ich wollte Sie auch wirklich zweimal besuchen, und einmal war ich schon in Berlin. Aber die Vorstellung, mit Papier und Bleistift vor Ihnen zu sitzen, um als Philologin ›Beute zu machen‹ beunruhigte mich jedesmal so stark, daß ich mich zuletzt nicht entschließen konnte.«

3
Promotion: Am 19.12.1953 wurde A.C. mit der Dissertation ›Der lyrische Sprachstil Gottfried Benns‹ von der Philosophischen Fakultät der Universität zu Köln zum Dr. phil. promoviert (Betreuer der Arbeit: Prof. Dr. Richard Alewyn). Unmittelbar darauf schickte sie ihre Arbeit an G.B. Am 28.12.1953 schrieb G.B. an Friedrich Wilhelm Oelze: »Am Heiligabend kam noch eine neue dicke Doctorarbeit über meine Lyrik, mit der eine Kölner Dame in Köln am 19. XII

promoviert ist. Ich las sie noch nicht, – wenn ich sie überhaupt lese.« (›Briefe an Oelze‹ II, 2, S. 194.)

4

Frage: In ihrem vom 25. und 26. 12. 1953 datierten ausführlichen Antwortbrief auf G.B.s Glückwunschtelegramm zur bestandenen Promotion forderte A.C. ihn dringlich auf, ihre Arbeit zu lesen und, falls ihm dies nicht möglich sei, wenigstens die Frage zu beantworten: »Warum gibt ein Dichter, der nicht wirken und sich ›nicht decouvrieren‹ will, sein Gedicht zur Veröffentlichung frei? [...] Wie kommt es zu einer solchen Überwindung – denn die ist wohl notwendig, wo das Leben im Zeichen der ›Verhüllung‹ steht –, oder genauer, wie kam es, daß Sie sich entschließen konnten, zum erstenmal ein Gedicht zu veröffentlichen, und wie war Ihnen zumute, als Sie es zuerst gedruckt lasen, und würden Sie, wenn Sie wieder fünfundzwanzig Jahre alt wären, dasselbe wiedertun (und warum??), oder ließen Sie die ›nutzlosen Blüten‹ wirklich nutzlos d.h. ungesehen blühn?«
Wellershoff: Dieter Wellershoff: ›Untersuchungen über Weltanschauung und Sprachstil Gottfried Benns‹. Diss. Bonn 1952.
Prof. Emmerich: Wilhelm Emrich, 1953–1956, Professor für Neuere deutsche Literaturgeschichte an der Universität zu Köln, später an der FU Berlin.

5

Sendung: Ihrem Brief vom 14. 4. 1954 hatte A.C. einige ihrer Gedichte im Manuskript beigelegt und dazu geschrieben: »Jedenfalls möchte ich, daß Sie sie behalten und als Ihr persönliches Eigentum betrachten; denn ich habe nie den Versuch unternommen, dergleichen in einer Zeitung, Zeitschrift etc. zu veröffentlichen.« Im weiteren Verlauf seines

Briefes geht G.B. auf vier der übersandten Gedichte näher ein.

Vortrag: G.B.s Vortrag ›Altern als Problem für Künstler‹, den er am 7.3.1954 unter dem Titel ›Vom Altern des schöpferischen Menschen‹ auf einer öffentlichen Veranstaltung des Süddeutschen Rundfunks und am 8.3.1954 in der Bayerischen Akademie der Schönen Künste in München gehalten hatte und der einen Monat später im Aprilheft des ›Merkur‹ (8.1954, S. 301–319) publiziert wurde. A.C. hatte mit Bezug auf diesen Vortrag in ihrem Brief angemerkt: »Ich bin bestimmt nicht der Meinung: ›er ist erkannt‹, bloß weil in meiner Arbeit vielleicht ›ein Komma oder ein Diphtong ... als grundsätzliche Stilprobleme behandelt werden.‹ [vgl. Gottfried Benn: ›Essays und Reden. In der Fassung der Erstdrucke‹. Hg. von Bruno Hillebrand. Frankfurt/M. 1989, S. 68.] Warum schreiben Sie so etwas eigentlich – oder, wenn Sie es schon schreiben, warum lassen Sie es auch noch drucken?«

The Raven: Gedicht von A.C., das als Einleitungstext in ihrem ersten Gedichtband: ›Der Mannequin‹, S. 3 publiziert wurde. Vgl. in der vorliegenden Ausgabe S. 109.

Südlicher Tag, Der Auszug, Frühling: Gedichte, die A.C. ihrem Brief vom 14.4.1954 beigelegt hatte. ›Der Auszug‹ (unter dem Titel ›Abschied‹) und ›Frühling‹ wurden ebenfalls in ›Der Mannequin‹, S. 13 bzw. S. 21 f. veröffentlicht.

meinen Verleger: Am 30.12.1953 hatte G.B. an Max Niedermayer geschrieben: »Ferner traf zu Weihnachten noch eine neue lange Doktorarbeit bei mir ein: ›Der lyrische Sprachstil G.B.s‹ von einer Dame Astrid Claes, deren Vater Bürgermeister von Leverkusen ist, u. die am 19. XII. in Köln bei Prof. Alewyn damit promovierte. Gelesen habe ich es noch nicht.« (›A. Br.‹, S. 258 f.)

Herr aus Köln: nicht identifiziert.

6

Kölner Besuch: Gudrun Diem, eine Kölner Studentin, die ein Seminarreferat über G.B. geschrieben hatte. Vgl. Br. Nr. 29.

Herr Krolow: Anfang September 1952 nahm G.B. als Vertreter der Bundesrepublik Deutschland an der »Biennale Internationale de Poésie« im belgischen Knokke teil. Außer ihm waren Rudolf Hagelstange, Hans Egon Holthusen, Wilhelm Lehmann, Marie Luise Kaschnitz und Karl Krolow als Repräsentanten der Bundesrepublik anwesend. Am 17.9.1952 schreibt G.B. an F.W. Oelze: »Die deutschen Kollegen, ein Thema für sich! Schlecht angezogen, salopp und schnorrend.« (›Briefe an Oelze‹ II, 2, S. 150.) Krolows Darstellung der Begegnung in Knokke in einem Brief an Ernst Kreuder vom 18.9.1952 widerspricht G.B.s Darstellung durchaus: »Benn zeigte sich kaum. Übrigens war er ganz liebenswürdig und freundlich. [...] Auffällig war mir seine große Korrektheit. Sie hatte etwas – ich kann es nicht anders bezeichnen – Preußisches. So verabschiedete er sich von jedem durch Besuchskarte, die er ganz individuell mit ein paar Worten versah. Er konnte witzig sein, auch ganz knapp zynisch lakonisch-zynisch. Aber ich hatte den Eindruck, daß man mit ihm besser über Phanodorm als über die Literatur sich unterhalten konnte: ein alt gewordener Mann, dessen besonderes Vergnügen das abendliche Biertrinken in der Nachbarschaft seiner berliner Wohnung ist.« (In: ›Gottfried Benn 1886–1956‹, S. 352 f.)

Ihre Krankheit: Diese Bemerkung – wie auch spätere ähnlicher Natur – bezieht sich auf Berichte A.C.s. über ihre Krankheiten, die eher diplomatischer Natur waren, um ihre Distanz zu G.B. wahren zu können.

Briefpapier des Instituts: A.C. war von 1954 bis 1957 Hilfsassistentin Wilhelm Emrichs am Germanistischen Institut der Universität zu Köln.

Geld u. Ruhm: A.C. hatte in ihrem Brief vom 18.4.1954 G.B.s Bemerkung, man publiziere für Geld und Ruhm, mit den ironischen Sätzen quittiert: »Und nun: ›Geld‹ und ›Ruhm‹ – das ist natürlich überzeugend, nein sicher, dagegen läßt sich nichts mehr sagen! Übrigens – Sie sind doch Arzt, verdienen Sie da nicht Geld genug?«
Ihr Gesicht: Sic! In ihrem Brief vom 18.4.1954 antwortete A.C. auf G.B.s Frage, ob es zutreffe, daß sie eine »elegante attraktive junge Dame« sei (vgl. Br. Nr. 5): »Ich glaube, ich bin außerordentlich auffallend, denn überall auf der Straße, im Hörsaal, im Zug starren mich die Menschen ziemlich unverhüllt an [...]. Ich denke aber, daß daran weniger meine Gestalt (zumal ich kaum farbige Sachen zu tragen wage) Schuld hat als vielmehr mein Gesicht. Denken Sie an ›The Raven‹, ich bin sicher, mein Gesicht ist diesem Gedicht ganz ähnlich.«
Poe ›The Raven‹: A.C. kannte Edgar Allen Poes Gedicht zur Zeit der Niederschrift von ›The Raven‹ nicht. Ihr Gedicht verdankt seinen englischen Titel dem Umstand, daß es im Juli 1952 kurz nach der Rückkehr aus London niedergeschrieben wurde.
Leverkusen: A.C. stammte aus Leverkusen, wo ihr Vater Stadtdirektor war.

7

Fragmente: G.B.s Gedichtband ›Fragmente. Neue Gedichte‹. Wiesbaden 1951.
Carossa: Hans Carossa, 1878–1956, wie G.B. Arzt und Schriftsteller.

8

Poe: Die Abschrift des Gedichts ›The Raven‹ von Edgar Allen Poe.

Double Vie: Die Übersetzung von ›Doppelleben‹ (1950), die 1954 in Paris von Les Editions de Minuit publiziert wurde.
Verlag: A.C. arbeitete seit dem 1. 1. 1954 als Volontärin im Lektorat des Winkler Verlags, Köln.
Geburt eines Kindes: In ihrem Brief vom 24./25. 4. 1954 hatte A.C. G.B. von ihrer bevorstehenden Reise nach Italien erzählt, wo sie eine Freundin besuchen wollte, die ihr erstes Kind erwartete.

10
besser als Berlin: Bis zum 28. 6. 1954 war A.C. in Jena zu Besuch. In ihrem Brief vom 8. 6. 1954 hatte sie G.B. vorgeschlagen, auf der Rückreise nach Köln in Berlin Station zu machen, um ihn persönlich zu sehen.

11
A.C. und G.B. trafen sich am 29. 6. 1954 in Kassel. G.B. war auf der Rückreise von den Hessischen Hochschulwochen in Bad Wildungen, wo er am Tag zuvor seinen Vortrag ›Probleme der Lyrik‹ gehalten hatte und mit Theodor W. Adorno zusammengetroffen war. A.C. hat die Begegnung mit G.B. – unter Einbeziehung teilweise wörtlicher Zitate aus dem Briefwechsel – literarisch verfremdet in ihrer Erzählung ›Gin‹ evoziert. (Erstveröffentlichung in: ›Neue Deutsche Hefte‹ 6. 1955, S. 81–94. Später in: A.C.: ›Erdbeereis. Erzählungen‹. Düsseldorf 1980, S. 158–178. Vgl. in vorliegender Ausgabe S. 113 ff.)
was treiben Sie da: A.C. besuchte in Jena ihre zweijährige Tochter Undine, die dort bei ihren Großeltern väterlicherseits lebte.

14
»Delphin«: A.C.s Gedicht ›Der Delphin‹ in: ›Der Mannequin‹, S. 9 f. Vgl. in vorliegender Ausgabe S. 110.
»die Ratte«: A.C.s Gedicht ›Die Ratte‹ in: ›Der Mannequin‹, S. 19 f.
»Der arme Heinrich«: nicht erhalten.
Auden: A.C.s Übersetzung des Gedichts ›Musée des Beaux Arts‹ von Wyston H. Auden. Publiziert in: W. H. Auden: ›Der Wanderer‹. Übersetzt von A.C. Wiesbaden (Limes) 1955.
das Fenster: Gemeint ist das Zugfenster, an das A.C., die G.B. zum Zug gebracht hatte, zum Abschied klopfte.

15
Orangeade: G.B. hatte A.C. am Abend des 29. 6. 1954 ein Glas Orangensaft an ihre Zimmertür gebracht. Vgl. ›Gin‹, in: ›Erdbeereis‹, S. 177 und vorliegende Ausgabe S. 136.

16
1. u. 2. Ehe: G.B.s erste Ehe mit der Schauspielerin Edith Osterloh von 1914 bis 1922, seine zweite Ehe mit Herta von Wedemeyer von 1938 bis 1945.
meine Frau: Dr. Ilse Benn, geb. Kaul, mit der er am 18. 12. 1946 seine dritte Ehe geschlossen hatte.
Train: das Personal.
erste Rezension: A.C. rezensierte das Buch von Werner Günther: ›Weltinnenraum. Die Dichtung Rainer Maria Rilkes‹. Berlin 2. Aufl. 1952, in: ›Deutsche Literaturzeitung‹ 76. 1955, S. 278–282.
1 Jahr London: A.C. plante, für ein Jahr als Lektorin ans King's College in London zu gehen.

17

Stempel: Vgl. Br. Nr. 16.

Prof. A.: Prof. Richard Alewyn, an den G.B. am 7. 7. 1954 u. a. schrieb: »Diese Arbeit, die unter Ihrer Leitung entstanden ist, ist ausserordentlich interessant. Ich sage das nicht aus persönlichen Gründen – ich lese gar nicht sehr gerne mehr Sachen über mich – sondern ich finde sie so interessant, wegen Ihrer [sic] Methode, – die etwas Mathematisches an sich hat, und sich auf aesthetische moralische und biographische Themen gar nicht einläßt. – Ich spreche also auch Ihnen, sehr verehrter Herr Professor, meinen aufrichtigsten Dank aus für die Aufmerksamkeit und die Mühe, die Sie auf die Arbeit dieser Ihrer, so intelligenten, Schülerin verwendet haben.« (Typoskript im Deutschen Literaturarchiv, Marbach. Sign.: A. Alewyn 89. 5. 448/z)

Haartracht: In ihrem Brief vom 6. 7. 1954 hatte A.C. u. a. mitgeteilt, sie wolle ihre »Frisur [...] ändern«.

»das Verlässliche«: In demselben Brief hatte A.C. von der Stadt London geschrieben, daß in ihr alles »das überaus Zerbrechliche einer Spiegelung annimmt; mit dieser luftbildhaften Zerstörbarkeit der Wiesen und Gartenmauern ... doch es gibt auch Verlässliches, – wenn man es zu finden versteht.«

Ein paar Sachen: G.B. übersandte mit seinem Brief: ›Ausdruckswelt. Essays und Aphorismen‹. Wiesbaden (Limes) 1949. Auf dem Vorsatzblatt die eigenhändige Widmung: »für A.C. von ihrem Bewunderer G.B.« und der Hinweis: »E. L.-Sch. [Else Lasker-Schüler] S. 112«.

Das Französische: ›Double Vie‹. Paris (Les Editions de Minuit) 1954.

»Der Ptolemäer«: ›Der Ptolemäer. Berliner Novelle, 1947‹. In: ›Der Ptolemäer‹. Wiesbaden (Limes) 1949, S. 87–139. In ihrem Brief vom 9. 7. 1954 antwortete A.C. auf diese Frage:

»Aus dem ›Ptolemäer‹ habe ich in meiner Dissertation ständig zitiert, (Sie haben die Arbeit also doch nicht gelesen) ich kenne das Buch also.«
Zettel: Dasselbe Verfahren, delikate Nachrichten auf einem gesonderten Zettel mitzuteilen, schlägt G.B. auch seinem Briefpartner Friedrich Wilhelm Oelze vor, damit er den eigentlichen Brief seiner Frau vorlegen kann. Vgl. ›Briefe an Oelze‹ II, 2, S. 217: »Wenn Sie, lieber Herr Oelze, mit etwas Schlechtes antworten wollen, tun Sie es bitte auf einem Zettel in Ihrem Brief.«

18
Wilhelmshöhe: das Kasseler Schloß.
bei W.s: Prof. Dr. Lothar Wickert. Althistoriker an der Universität Köln.
Gl. str.: die Glenelerstr. in Köln. Vgl. Anm. zu Br. Nr. 22.
L.: Leverkusen.

19
»An«-: G.B.s Gedicht ›An-‹. In: ›Destillationen. Neue Gedichte‹. Wiesbaden (Limes) 1953, S. 14. Jetzt in: ›Gedichte. In der Fassung der Erstdrucke‹, S. 439. In ihrem Brief vom 9. 7. 1954 hatte A.C. berichtet, sie habe auf einem Abend der »English Society« die Rede auf das Gedicht ›An-‹ gebracht, »das ich für eines Ihrer allerbesten und grundsätzlich für eins der schönsten Gedichte überhaupt halte. Und nun - ja, plötzlich wussten alle Leute, ›an‹ wen dies Gedicht gerichtet ist, nur ich hatte davon keine Ahnung gehabt und kann es auch jetzt kaum glauben.« – An Friedrich Wilhelm Oelze, der das Gedicht auf sich bezogen hatte, schrieb G.B. am 17. 3. 1953: »Streichen Sie bitte F. W O nach: An –. 1) sachlich: wenn nicht Sie, wer wäre innerhalb der Schwelle? 2) historisch: An – eine reizende

Frau, elegant und rassig, die sich die Sache aber zu leicht vorstellte.« (›Briefe an Oelze‹ II, 2, S. 166.)
aktiver Militärarzt: Von 1914 bis 1917 hatte G.B. als Oberarzt am Ersten Weltkrieg teilgenommen. Am 1. April 1935 hatte er sich als Sanitätsoffizier bei der Heeressanitätsinspektion Hannover reaktivieren lassen.
»Weltinnenraum«: Vgl. Anm. zu Br. Nr. 16.
Frl. Lorbe: Ruth Lorbe, amerikanische Germanistin.
Dr. Oelze: Im Briefwechsel mit Friedrich Wilhelm Oelze spielt der Austausch über die Rezeption der Werke G.B.s im angelsächsischen Sprachraum eine gewichtige Rolle. Vgl. z.B. die Briefe vom 18. 2. 1952, 2. 9. 1952 und 30. 10. 1952 (›Briefe an Oelze‹ II, 2, S. 128 f., 149 u. 153).

21
zanken: A.C. hatte Anstoß an der Art und Weise genommen, wie G.B. seiner Frau von ihrem Treffen in Kassel berichtet hatte. Vgl. Br. Nr. 17.
»Frühe Prosa und Reden«: Gottfried Benn: ›Frühe Prosa und Reden‹. Wiesbaden (Limes) 1950. A.C. mit folgender Widmung übersandt: »Astrid Claes – ihrem strahlend begabten Geist«.
»Bense«: Max Bense (1910–1990), Philosoph, seit 1949 Professor an der Techn. Hochschule Stuttgart. In einem Brief an Friedrich Wilhelm Oelze schreibt G.B. schon 1935 über ihn: »Er steht seit etwa 2 Jahren mit mir in Verbindung, ist stark von mir beeinflusst. Ist aber der interessanteste aus dem ganzen Nachwuchs. Hat oft und viel über mich geschrieben. Ein Mann, der Zukunft haben kann« (›Briefe an Oelze‹ I, S. 53). – Der Band ›Frühe Prosa und Reden‹ enthält die Einleitung ›Versuche über Prosa und Poesie‹ von Max Bense.
»E. L.-Sch.«: Die Lyrikerin Else Lasker-Schüler (1876–1945). Das Gedicht ›Frühling‹ von A.C., veröffentlicht in

›Der Mannequin‹, S. 21 f., ist in der publizierten Fassung Else Lasker-Schüler gewidmet.
»In Deinen Händen«: Gedicht von A.C., unveröffentlicht.
»Die Spinne«: Gedicht von A.C. G.B. fügte seinem Brief das von ihm mit einigen Änderungen versehene Typoskript des Gedichts wieder bei. In den Z. 1 und 2 der 1. Str.:

»Mit bleichen Beinen kriecht an der Tapete
im Mondlicht riesengross die Spinne hin.«

sind die Worte »bleichen« und »riesengross« unterstrichen, wohl um G.B.s Zweifel an dieser Wortwahl auszudrücken. So auch in der Z. 2 der 5. Str.:

»Die Bücherrücken winken schmal und grau«,

in der das Wort »winken« unterstrichen und am Rand mit einem Fragezeichen versehen ist. Den Beginn der 4. Str.:

»Sonst schienen sie gedrängter, fester, dichter.
Der Spinne Netz bedeckt und es entblösst.«

hat G.B. folgendermaßen geändert:

»Der Spinne Netz bedeckt sie und entblösst.«

Den Schluß der 6. Str.:

»Doch seine Gäste, die verdeckt für immer
der Spinne Netz. Da sitzt er nun allein.«

hat G.B. verändert in:

»Doch seine Gäste, die verdeckt für immer
der Spinne Netz, der Fremde ist allein. –«

Am Fuß der Seite hat G.B. notiert: »gut!« und das ganze paraphiert.
»Die Abreise«: Prosamanuskript von A.C., im Deutschen Literaturarchiv, Marbach, Signatur 86. 92 11/1–2.
Ihre Gedichte: gesondert auf beigelegtem Blatt.
»Der Schwan«: Gedicht von A.C., publiziert in: ›Der Mannequin‹, S. 10 f. In der gedruckten Fassung ist G.B.s Vorschlag für den zweiten Vers der letzten Strophe übernommen.
Abend: Gedicht von A.C., publiziert in: ›Der Mannequin‹,

S. 23. Auch hier berücksichtigt die Druckfassung G.B.s Verbesserungsvorschläge.
Lastträger: ›Der Lastträger‹, in: Der Mannequin, S. 20. In vorliegender Ausgabe S. 111. Die dritte Strophe hat hier die von G.B. vorgeschlagene Form. In der vierten Strophe hat A.C. die von Benn vorgeschlagenen Änderungen nicht übernommen. Sie lautet in der Druckfassung:

»Und manchmal, wenn an einer Treppe
Wind ins Gesicht ihn schlägt,
sind Wind und Angesicht und Arm die Steppe,
die schweigt und trägt.«

22

Unfall: A.C. hatte einen Reitunfall.
Alewyn: Vgl. Anm. zu Br. Nr. 17. Alewyn antwortete erst am 14. 8. 1954. Vgl. Anm. zu Br. Nr. 28.
Prof. Kunisch: Hermann Kunisch, Literaturwissenschaftler, seit 1947 Professor in Berlin, seit 1955 in München.
Prof. E.: Wilhelm Emrich. Vgl. Br. Nr. 4.
Gleuelerstr.: die damalige Adresse von A.C., Köln-Lindenthal, Gleuelerstr. 153.

23

Steinbock: Anspielung auf A.C.s Sternzeichen.
»Wind und Wetter«: Änderungsvorschlag G.B.s für die vierte Strophe von A.C.s Gedicht ›Der Lastträger‹. Vgl. Br. Nr. 21.
E. L.-Sch.: In ihrem Brief vom 28. 7. 1954 hatte A.C. berichtet, sie schreibe »an einem Aufsatz über die Lasker-Schüler, und zwar über die ›Wiederholbarkeit‹ ihres Gefühls, wie sie sich in ihren Gedichten ausdrückt. Ich sitze vor Fragen: 1) Wie ist es zu begreifen, dass sie immer wieder und immer mit der gleichen Intensität lieben kann? 2) Soll man annehmen, dass jeder Mann dieses Unstete spürte, vor

allem spürte, dass es ihr mehr auf die Bildung und Ausschüttung ihres Gefühls ankam als auf seinen Erreger? Das Problem der ›Echtheit‹ könnte aufgeworfen werden. Hauptfrage: können ›unechte‹ Gefühle ›echte‹ Gedichte erzeugen? –«

Wiederholungszwänge: Ein Wort, das G.B. schon 1941 zur Charakterisierung des Wesens der Tiere gebraucht, um auf ihm eine kosmologisch und biologisch begründete Theorie des Ästhetischen, der »Ausdruckswelt« aufzubauen. In seinem anläßlich eines Besuchs im Berliner Zoo geschriebenen Brief vom 9.3.1941 an Friedrich Wilhelm Oelze heißt es: »Ich muss sagen, ich war tief beeindruckt vom *Tier*, dem Verhafteten, ungeheuer Unterworfenen aller seiner Wendungen und Bewegungen, seinen schauerlichen Wiederholungszwängen im Traben, Schaben, Wetzen, Heulen [...]« (›Briefe an Oelze‹ I, S. 262).

Ansprache: Als Einführung zu dem Else-Lasker-Schüler-Abend im British Centre, Berlin am 23.2.1952 hielt G.B. seine kurze Rede ›Erinnerungen an Else Lasker-Schüler‹, die am 24.2.1952 in ›Der Tagesspiegel‹ veröffentlicht wurde. Jetzt in: ›Essays und Reden. In der Fassung der Erstdrucke‹. Hg. von Bruno Hillebrand. Frankfurt/M. 1989, S. 541–543.

Ausgabe der Gedichte: Else Lasker-Schüler: ›Die gesammelten Gedichte‹. Leipzig (Verlag der Weißen Bücher) 1917. Das Buch trägt auf dem fliegenden Vorsatz die eigenhändige Widmung von Else Lasker-Schüler an G.B.: »Giselheer dem Nibelungen von seinem Jussuf zum Abschied«. G.B. hat das Buch tatsächlich einige Tage später an A.C. gesandt. Es befindet sich heute im Besitz von A.C. – G.B. beschreibt den Band in den ›Erinnerungen an Else Lasker-Schüler‹ folgendermaßen: »In den ›Gesammelten Gedichten‹, die sie 1917 bei Kurt Wolff herausgab, ist ein Zyklus enthalten, der

›Dr. Benn‹ heißt. Sie nannte mich Giselher oder den Nibelungen oder den Barbar. Ein Gedicht darin gehört zu den schönsten, die sie je geschrieben hat. Sie schrieb darüber: ›Letztes Lied an Giselher‹, und der Titel des Gedichts ist: ›Höre‹.« (In: ›Essays und Reden. In der Fassung der Erstdrucke‹. A.a.O., S. 543.)

»*Gegenstand*«: bezieht sich auf G.B.s Bemerkung im Brief Nr. 21: »eine Frau ist ein Gegenstand«. A.C. hatte dagegen in ihrem Brief vom 28. 7. 1954 zu bedenken gegeben: »Zwischen der Vorstellung von einem Mann, der ›Tag und Nacht auf den Knien liegt‹, und dem Satz: ›Eine Frau ist ein Gegenstand‹, ist sehr viel Raum. Was liegt dazwischen? Doch wohl die ›zarte Behandlung‹, die Sie in ihrem Brief nur einer Dichterin zukommen lassen wollen. Ehrlich gesagt, wenn wir uns noch nie gesprochen hätten, hätte jener Satz mich jetzt wieder erschreckt. Natürlich kann ich mit Ihren Erfahrungen nicht konkurrieren und wahrscheinlich ist es also wirklich wahr, dass eine Frau nur benutzt wird wie ein ›Gegenstand‹. Ich glaube aber, dass mich das nichts angeht, wie es meistens ist. Meine Vorstellung von diesen Dingen war eine andere, die mit jenem Satz nichts zu tun hat; und das, was ich in Kassel fand, auch etwas, das damit nichts zu tun hat. Machen wir es also so: Schreiben Sie meinetwegen auf tausend Blätter täglich hunderttausendmal an mich: Eine Frau ist ein Gegenstand – und behandeln Sie mich so, wie Sie mich in Kassel behandelt haben.«

Lohner: Edgar Lohner (1919–1975), Professor für Germanistik an der New York University, später in Stanford, seit 1973 Professor für Vergleichende Literaturwissenschaft in Mainz. Zahlreiche Veröffentlichungen zu Benn, insbesondere: ›Passion und Intellekt. Die Lyrik Gottfried Benns‹. Neuwied 1961. Schon 1953 hatte Lohner in einem englischsprachigen Aufsatz auf G.B. hingewiesen: ›Gottfried

Benn. German Poet‹. In: ›Western Review‹ 17.1953, S. 177–184.
seine Übertragungen: Die Übersetzungen von Gedichten G.B.s, die Edgar Lohner zusammen mit Cid Corman ins Englische übertragen hatte. Vgl. Edgar Lohner: ›Gottfried Benn. Bibliographie 1912–1956‹. Wiesbaden 1958, S. 37f. Nr. 3.9 bis 3.22.
Manager vom Hanser-Verlag: Am 30.7.1954 suchte Herbert G. Göpfert vom Münchener Hanser Verlag G.B. auf, um ihn für Beiträge zu der neu gegründeten Literaturzeitschrift des Verlags zu gewinnen: »wird ihm nicht gelingen, zu restaurativ die Sache, zu geisteswissenschaftlich, nicht mein Fall« (Marguerite Schlüter [Hg.]: ›Briefe an einen Verleger. Max Niedermayer zum 60. Geburtstag‹. Wiesbaden [Limes] 1965, S. 119).
Akzente: ›Akzente. Zeitschrift für Dichtung‹. Hg. von Walter Höllerer und Hans Bender. Jg. 1 ff. München 1954 ff.
Teeeingiessen: In ihrem Brief vom 25.7.1954 hatte A.C. geschrieben: »Lieber Gottfried Benn, Sie sind ein sehr gütiger Mensch, ich habe das schon in Kassel empfunden, als ich mich so dumm zuerst benommen hatte – übrigens in diesem Falle aus Verlegenheit – und Sie mir den Kaffe und später den Tee in die Tasse schütteten; eine Geste, die mir sicher seit meiner Kindheit niemals jemand erwiesen hat und die mich sehr innerlich angerührt hat. Ich denke so oft daran, eigentlich immer, wenn ich Tee trinke.«

24

Verreise: Vom 10. bis zum 15. August 1954 reiste G.B. mit Ursula Ziebarth nach Worpswede. Bei dieser Gelegenheit traf er zweimal, am 12.8. und am 14.8., mit Friedrich Wilhelm Oelze zusammen.

25
Holthusen: Hans Egon Holthusen, (1913–1997), las im Sommer 1954 im Rahmen des Ferienkurses von Prof. Emrich an der Universität Köln aus seinem Buch ›Ja und Nein. Neue kritische Versuche‹ (München 1954).
Th. M.: Thomas Mann, von dem A.C. in ihrem Brief vom 3.8.1954 berichtet hatte, er werde am 26.8. nach Köln kommen und im Domhotel wohnen.
Prof. A.: Richard Alewyn.
Prof. E.: Wilhelm Emrich.
Linfert: Carl Linfert, Journalist, seit 1949 Leiter des Nachtprogramms beim Sender NWDR in Köln.
Harz oder Lüneburger Heide: In Wirklichkeit begleitete G.B. seine neue Freundin Ursula Ziebarth nach Worpswede. Vgl. Hernach. Gottfried Benns Briefe an Ursula Ziebarth. Göttingen 2001, S. 12 ff.
»Gin«: Erzählung von A.C., die sie G.B. im Manuskript geschickt hatte. Erstveröffentlichung in: ›Neue Deutsche Hefte‹ 6.1955. S. 81–94. Vgl. in vorliegender Ausgabe S. 113 ff. In der Begegnung des Mädchens Corinna mit dem »Doktor« hat A.C., deren zweiter Vorname »Veronika« ist, ihr Treffen mit G.B. in Kassel dargestellt.
Grünther: Prof. Dr. Rainer Gruenter (1918–1993). 1954 Assistent am Deutschen Seminar der Universität Köln, Freund von A.C. und Vater ihrer Tochter Undine. Später Germanist an der Universität Mannheim und Gründungsrektor der Universität GHS Wuppertal.

27
In ihrem Brief vom 13.8.1954 hatte A.C. nochmals eindringlich darum gebeten, G.B. solle nach Köln kommen, um auf dem von Prof. Emrich geleiteten Ferienkurs einen Vortrag zu halten.

28

»Ihre Familie«: A.C. hatte in ihrem Brief vom 16. 8. 1954 geschrieben: »In meiner Dissertation hat mir jemand, dessen Handschrift ich nicht kenne, ein Zitat angestrichen, und da es nur jemand vom Limes-Verlag oder von Ihrer Familie sein kann, muss wohl etwas dran sein.«

das andere Glied: G.B.s dritte Frau, Ilse Benn.

»– des Meeres erlösend tiefes Blau«: Die letzte Zeile des Gedichts ›Untergrundbahn‹, die in der Erstpublikation (in: ›Der Sturm‹ 4. 1913. Nr. 160/61, S. 26) lautet: »Hin in des Meeres erlösend tiefes Blau«. (Vgl. ›Gedichte. In der Fassung der Erstdrucke‹, S. 57.) A.C. hatte das Gedicht im Typoskript ihrer Dissertation nach den ›Gesammelten Schriften‹ Berlin 1922 zitiert, in denen in der Schlußzeile auf Grund eines Druckfehlers »Blau« durch »Blut« ersetzt ist.

»Frühe Lyrik und Dramen«: ›Frühe Lyrik und Dramen‹. Wiesbaden (Limes) 1952.

»Blödsinn«: In der Erzählung ›Gin‹ ist in die Schilderung der Begegnung des Mädchens Corinna mit dem älteren »Doktor« die Erzählung von den beiden Liebenden, Ricarda und dem Abenteurer, eingelegt. A.C.s Bemerkung in ihrem Brief vom 16. 8. 1954: »Ich habe auch den Eindruck, als hätte ›Gin‹ allerlei Blödsinn gestiftet«, bezog sich auf ihren Verdacht, G.B. habe den Abenteurer mit Rainer Gruenter identifiziert.

3 Schwestern: A.C. hatte in ihrem Brief vom 18. 6. 1954 gefragt: »Hat Herr Oelze eine hübsche Schwester? Ist sie gross und hat kurzes Haar?«

Witwe von Rud. Borchardt: Marie Luise Borchardt, geb. Voigt, die Nichte Rudolf Alexander Schröders, die Borchardt 1920 geheiratet hatte. G.B. hatte sie schon im September 1951 bei einem Besuch bei Oelze in Bremen kennengelernt. (Vgl. ›Briefe an Oelze‹ II, 2, S. 119.)

»Trunkenen Flut«: ›Trunkene Flut. Ausgewählte Gedichte‹. Wiesbaden (Limes) 1949. Darin: ›Untergrundbahn‹, S. 19.
Manschetten: G.B. kommt auf sie zu sprechen, weil A.C. ihm in ihrem Brief vom 16. 8. 1954 scherzhaft nahegelegt hatte, sie als »Hausangestellten-Ersatz« einzustellen, damit sie seine Manschetten stärken könne.
Prof. Alewyn: In seiner Antwort auf G.B.s Brief vom 7. 7. 1954 (vgl. Anm. zu Br. Nr. 16) schrieb Richard Alewyn u. a.: »Von dem Interesse, das Sie an dem kleinen Geschöpf – ich meine die Arbeit von Frl. Claes – genommen haben, ist die Kindesmutter natürlich sehr beglückt, und die Hebamme – eine grössere Rolle kann ich für mich nicht in Anspruch nehmen – teilt ihre Freude. Auch muss ich alles, was Sie zum Lobe der Arbeit zu sagen scheinen, durchaus auf die Verfasserin abwälzen. Die dort angewendete Methode ist die ihre.« (Typoskript im Deutschen Literaturarchiv, Marbach, Signatur A: Alewyn 89.5.448/2.)
als Wille und Wunder: Anspielung auf den Titel von Arthur Schopenhauers Hauptwerk: ›Die Welt als Wille und Vorstellung‹.

29
»Eroberung«: unveröffentlichte Erzählung von A.C. (Manuskript im Deutschen Literaturarchiv, Marbach, Sign. 91. 114. 754/2), in der der College-Dozent Richard sich aus innerer Vereinsamung einen Hund als Gefährten erfindet. Als er jedoch eine Frau kennenlernt, die eine Dogge besitzt, versagt er vor dieser Wirklichkeit. »Samenkorn« und »Dreieck« sind Stichworte aus dieser Erzählung.
Diem: Gudrun Diem: ›Das Wesen der Kunst im Denken Nietzsches‹. Diss. Köln 1954.
Frau Borchardt: Vgl. Br. Nr. 28.
»Weltinnenraum«: Vgl. Anm. zu Br. Nr. 16.

»Einsamer nie als im August«: Gedicht von G.B., Erstveröffentlichung in: ›Ausgewählte Gedichte‹. Stuttgart, Berlin 1936, S. 30; danach in: ›Statische Gedichte‹. Zürich 1948. Jetzt in: ›Gedichte. In der Fassung der Erstdrucke‹, S. 281. In ihrem Brief vom 19. 8. 1954 hatte A.C. gefragt: »Würden Sie mir wohl einmal sagen, wann, wo, in welcher Verfassung etc. Sie: ›Einsamer nie‹ geschrieben haben?« Vgl. Br. Nr. 32.
Sie vergisst nicht: Dem Brief hatte G.B. den Band beigelegt: Gottfried Benn: ›Poesie‹. Colonna Cederna. Vallechi 1954 mit der handschriftlichen Widmung auf dem fliegenden Vorsatz: »Der verehrten Dr. Astrid Claes von ihrem Schützling: VIII/54 Gottfried Benn.«

30
nach Bremen: Vom 2. 9. bis 12. 9. 1954 fuhr G.B. ein zweites Mal nach Bremen und Worpswede, um Ursula Ziebarth wiederzusehen. Dort traf er auch Friedrich Wilhelm Oelze und Edgar Lohner.
bei Ihnen war: Edgar Lohner hatte A.C. am 29. 8. 1954 in Köln besucht.
neues Gedicht: ›Der Bote‹, veröffentlicht in: ›Der Mannequin‹, S. 11.
Delphin: Gedicht von A.C. (vgl. Anm. zu Br. Nr. 14), in dessen dritter Strophe es heißt: »Manchmal singe ich in einem Hafen«. Die vorletzte Zeile von ›Der Bote‹ lautet: »Der Morgen kommt. Die Möwen schrein im Hafen –:«.
Th. M.: Am 26. 8. 1954 hatte Thomas Mann im Schumann-Saal der Stadt Düsseldorf aus dem ›Felix Krull‹ gelesen. An dem anschließenden Empfang im »Malkasten«, einem Düsseldorfer Künstlerklub und Restaurant, nahm auch A.C. teil. Vgl. Hans Bürgin, Hans-Otto Mayer: ›Thomas Mann. Eine Chronik seines Lebens‹. Frankfurt/M. 1974, S. 275.

31
masslos langer Aufsatz: Der zweiteilige Aufsatz: ›Gottfried Benn oder: Über die Verständlichkeit von Gedichten: Zwei Meinungen‹ von Horst Rüdiger und Hermann Hiltbrunner, in: ›Neue Zürcher Zeitung‹, 29. 8. 1954.
den 29.: Am 29. 6. 1954 hatten G.B. und A.C. sich in Kassel getroffen.

32
Aufsatz über Jünger: Rainer Gruenter: ›Formen des Dandysmus. Eine problemgeschichtliche Studie über Ernst Jünger‹. In: Euphorion 46. 1952, S. 170 ff.
3 weitere Gedichte: ›Aber du –?‹, ›Ebereschen‹ und ›Die Züge deiner‹, in: ›Die Welt am Sonntag‹ Nr. 37 vom 12. 9. 1954, S. 9. Jetzt in: ›Gedichte. In der Fassung der Erstdrucke‹, S. 448, 451 und 284. Das Gedicht von 1936 ist ›Die Züge deiner‹, das zuerst in: ›Zweiundzwanzig Gedichte‹. Privatdruck. August 1943, S. 20 veröffentlicht wurde. »In einem zerschnittenen Handexemplar der ›Zweiundzwanzig Gedichte‹ steht die handschriftliche Bemerkung Benns: ›Kleines Liebesgedicht aus Hannover, 1936! Be.‹« (In: ›Gesammelte Werke III‹, S. 579.)
Fragebogen: In ihrem Brief vom 21. 9. 1954 äußerte A.C. die Bitte: »Würden Sie wohl so freundlich sein, mir demnächst einen Fragebogen, den ich im Augenblick ausarbeite, auszufüllen?«
Oberneuland: Der Besitz Friedrich Wilhelm Oelzes, wo G.B. gerade zu Besuch gewesen war und wo er auch Edgar Lohner getroffen hatte.
»Einsamer nie«: Vgl. Anm. zu Br. Nr. 29.
»Dame aus Paris«: nicht identifiziert.
Werner: Fritz Werner, Buchhändler in Freiburg/B. Von ihm schreibt G.B. schon am 29. 5. 1949 an Friedrich Wilhelm

Oelze, er sei »pedantischer G.B.-Bibliograph, der jede Zeile über mich gesammelt hat und sammelt«. (›Briefe an Oelze‹ II, 1, S. 211.)

33

Davidchen: A.C. hatte Charles Dickens: ›David Copperfield‹ neu übersetzt. Das Buch war 1954 im Winkler-Verlag, Köln erschienen und von der Übersetzerin an G.B. geschickt worden. Auf das Ende des Romans beziehen sich auch die Anspielungen des ersten Satzes.
Wettrennen: A.C. hatte an einem Amateur-Reitturnier in Düsseldorf teilgenommen und den 1. Preis gewonnen, wie sie G.B. am 21. 9. 1954 berichtete.

34

neuen schönen Gedicht: Das von A.C. in ›Der Mannequin‹, S. 22 f. publizierte Gedicht ›Herbst II‹, das mit Wortmaterial aus Gedichten G.B.s arbeitet. Seine erste Zeile lautet: »Ein alter Mann zieht singend durch die Nacht«, die Schlußzeile: »Und keiner sieht, wie er im Dunkeln lacht.«
Besuch: A.C. hatte G.B. am 5. 10. 1954 mitgeteilt, sie werde zu Weihnachten nach Jena fahren, und darum gebeten, auf der Rückfahrt mit Rainer Gruenter G.B. in Berlin besuchen zu dürfen.
Gedichte in der »W.a.S«: Vgl. Anm. zu Br. Nr. 32.
nach Worpswede: A.C. hatte am 5. 10. 1954 geschrieben: »Ich weiß nicht, welches Gedicht von 1936 ist (Gruenter meint ›Ebereschen‹), aber ich weiss, welches im letzten Monat in Worpswede geschrieben ist. Ich gebe zu, es ist unbedingt das schönste, ich lese es immer wieder.« Sie hatte damit irrtümlicherweise ›Die Züge deiner‹, das Liebesgedicht von 1936, gemeint.
Ebereschengedicht: Die vorletzte Zeile dieses Gedichts lau-

tet: »gefärbt, gefüllt, gereift, zu Gott geboten –« (in: ›Gedichte. In der Fassung der Erstdrucke‹, S. 451.)
Prof. Pyritz: Prof. Hans Pyritz, Germanist in Hamburg und Vorsitzender der Hamburger Goethe-Gesellschaft, der G.B., wie dieser am 21.9.1954 an Friedrich Wilhelm Oelze berichtet, zu einem Vortrag nach Hamburg eingeladen hatte (vgl. ›Briefe an Oelze‹ II, 2, S. 220). – A.C. hatte am 5.10.1954 mitgeteilt: »Professor Pyritz, der Herausgeber des ›Euphorion‹, hat meinen Aufsatz über ›lyrische Rhythmen Gottfried Benns‹ aufgenommen.«
Addio: Als Anlage war dem Brief beigefügt: ›An Emil Preetorius‹. In: ›Der Tagesspiegel‹, 3.10.1954, mit der Widmung: »An Astrid C. mit herzl. Gruss. Benn 7 10 54.« Jetzt in: ›Gesammelte Werke IV‹, S. 333–337.

35
Nele: Nele Benn, geb. 1914, nach dem Tod der Mutter ab 1922 in Dänemark aufgewachsen.
»Denker und Deuter im heutigen Europa«: Hans Schwerte (d.i. Hans Ernst Schneider): ›Gottfried Benn‹. In: Hans Schwerte und Wilhelm Spengler (Hg.): ›Denker und Deuter im heutigen Europa‹. Oldenburg (Stalling) 1954. Bd. 1, S. 125–137.
Prof. Martini: Fritz Martini: ›Das Wagnis der Sprache. Interpretationen deutscher Prosa von Nietzsche bis Benn‹. Stuttgart (Klett) 1954, S. 468–517.
2 neue Gedichte: ›Zwei Träume‹ (unter dem Titel ›Warum gabst Du uns die tiefen Blicke‹) und ›Das sind doch Menschen‹, in: FAZ vom 15.10.1954, S. 12. Jetzt in: ›Gedichte. In der Fassung der Erstdrucke‹, S. 450 und 453.
Säugling: Ihrem Brief vom 28.9.1954 hatte A.C. ein Photo beigelegt, auf dem sie ihre Tochter Undine Gruenter, geb. 1952, auf dem Arm trägt.

»Herbst«: ›Herbst I‹, Gedicht von A.C., publiziert in: ›Der Mannequin‹, S. 22.
Orkus: Unterwelt.
Halkyone: auch Alkyone, mythologische Gestalt, die wegen der liebenden Klage um ihren toten Gatten in einen Eisvogel verwandelt wird (Ovid, ›Metamorphosen‹ 11, 410). Das Adjektiv »halkyonisch« bedeutet so viel wie »idyllisch«, »friedlich«. In dem die ›Gesammelten Schriften‹ von 1922 eröffnenden ›Prolog‹ heißt es:

»Wo ist das große Nichts der Tiere?
Giraffe, halkyonisch, Känguruh,
du, du bist in Arkadien geboren,
mein Beutelhase, grunz mir zu!«

(›Gedichte. In der Fassung der Erstdrucke‹, S. 131.)

36
Gute Besserung: A.C. hatte einen Reitunfall erlitten. G.B. ließ Blumen übersenden.

37
W.: Worpswede.
Bern: Am 18.11.1954 reiste G.B. in die Schweiz, wo er am 21.11. in Bern seinen auch im Radio übertragenen Vortrag ›Altern als Problem für Künstler‹ hielt.
norddeutsche Universitätsstadt: Am 14.12.1954 las G.B. in der Hamburger Universität, am 17.12. in der Bremer Böttcherstraße. Zum Programm dieser Lesungen vgl. ›Briefe an Oelze‹ II, 2, S. 231 f.
Aufsatz von Ruth Lorbe: Ruth Lorbe: ›Spuren. Elemente der Lyrik im Kinderreim‹. In: ›Akzente‹ 3.1956, S. 280–291.
Aufsatz in Encontre: Michael Hamburger: ›Art and Nihilism: The Poetry of Gottfried Benn‹. In: ›Encounter‹ 13. Okt. 1954, S. 49 ff. Vgl. G.B.s Brief an Friedrich Wil-

helm Oelze vom 14. 11. 1954. In: ›Briefe an Oelze‹ II, 2, S. 227.
französischer: François Erval: ›Gottfried Benn ou la double vie des intellectuels allemands‹. In: ›Les Temps Modernes‹. Nr. 103. Juni 1954, S. 2276–2285.
Schüler von Staiger: nicht identifiziert.
K. K.: Karl Krolow.

38
Gruenter: Rainer Gruenter, der Freund von A.C., schrieb ohne deren Wissen an G.B., um die Publikation ihrer Gedichte zu erwirken. Dafür entschuldigte sich A.C. in ihrem Brief vom 8. 12. 1954 an G.B.

39
Paeschke: Hans Paeschke, Gründer und von 1947 bis 1978 Herausgeber der Zeitschrift ›Merkur‹, in der G.B. seit 1949 Prosa und Gedichte veröffentlichte.

40
Rezept: In ihrem Brief vom 12. 11. 1954 hatte A.C. G.B. um ein Rezept für das Schlafmittel Phanodorm gebeten, »da ich natürlicherweise wenig schlafen kann. Ausserdem möchte ich überhaupt ein Rezept von Ihnen haben.«

41
Fackel: Gedicht von A.C., in: ›Der Mannequin‹, S. 13 f.
Reisen: die Reise nach Hamburg, Bremen und Worpswede, zu der Benn am 13. 12. 1955 aufbrach. Am 14. 12. las er in der Universität Hamburg aus eigenen Werken. Am 15. 12. traf er in Bremen ein, wo er Oelze im Krankenhaus besuchte. Seit dem 16. 12. mit Ursula Ziebarth in Worpswede. Am 20. 12. Rückfahrt nach Berlin.

42
Juni: Am 29. Juni 1954 hat G.B. A.C. in Kassel getroffen.

43
Gleuelerstr.: Vgl. Anm. zu Br. Nr. 22.

45
danken: A.C. hatte G.B. in ihrem Brief vom 6. 2. 1955 dafür gedankt, daß er ihre Gedichte an die Zeitschrift ›Akzente‹ vermittelt hatte.
diese Jungen: Walter Höllerer, der A.C. am 6. 2. 1955 in Köln besuchte und mit ihr vereinbarte, im Aprilheft der ›Akzente‹ drei Gedichte von ihr abzudrucken.
Auden: Am 1. 7. 1954 hatte A.C. ihre Übersetzung von W. H. Audens Gedicht ›Musée des Beaux Arts‹ an G.B. gesandt. Vgl. Anm. zu Br. Nr. 14. Jetzt übersandte sie ihm ihre Übersetzung von ›Rimbaud‹, ebenfalls publiziert in: W. H. Auden: ›Der Wanderer‹. Übersetzt von A.C. Wiesbaden (Limes) 1955.
Harvard: A.C. hatte sich um eine Teilnahme am Internationalen Sommerseminar der Havard-Universität beworben und G.B. um ein Empfehlungsschreiben gebeten.

46
Herr H.: Walter Höllerer.
Herrn L.: Edgar Lohner, der A.C. berichtet hatte, Benn habe ihn in einem Wiener Vortrag lobend erwähnt.
Faulkner: A.C. kündigte in ihrem Brief vom 9. 2. 1955 an, sie plane, Faulkners neuen Roman ›A Fable‹ zu übersetzen.
Gin: Vgl. Anm. zu Br. Nr. 25.
G.B. 1946: Dem Brief war ein Photo beigefügt, das G.B. stehend vor einer Hauswand zeigt. Publiziert in: ›Gottfried Benn 1886–1956‹, S. 290.

47
eine Bekannte: Ursula Ziebarth, der Benn antrug, die Stelle von A.C. im Winkler Verlag zu übernehmen. Vgl. seinen Brief vom 1.3.1955 an Ursula Ziebarth. In: Hernach. Gottfried Benns Briefe an Ursula Ziebarth. Göttingen 2001, S. 260 f.
kohlrabenschwarz: In seinem Brief vom 14.9.1954 beschrieb G.B. seine »Bekannte«, die er Friedrich Wilhelm Oelze am 11.9.1954 im Bremer Café Jacobs vorgestellt hatte, in ähnlichen Worten: »Schreiben Sie mir bitte einen Zettel über die schwarze Dame (Mutter Italienerin, daher die schwarze Tracht). Vielleicht schreibe ich Ihnen dann einiges dazu.« (›Briefe an Oelze‹ II, 2, S. 219.)
Umschlag eines der Bücher: Dem Brief ist ein Verlagsprospekt der Eilers u. Schünemann Verlagsgesellschaft, Bremen beigelegt, auf dem von G.B. die Titel folgender Kinderbücher von Ursula Ziebarth angestrichen sind: ›Unser Dorf‹; ›Auf dem Bauernhof‹; ›Von der Post‹; ›Polly und die Polizei‹; ›Abfahrt 11.33 Uhr – Leben und Treiben bei der Bundesbahn‹; ›Auf der Straße‹; ›Schildbürgergeschichten – neu erzählt‹.

48
L.: Edgar Lohner.
Bender: Hans Bender, zusammen mit Walter Höllerer Herausgeber der Zeitschrift ›Akzente‹.
The Raven, Delphin, Ratte: Die drei Gedichte von A.C. erschienen in der Zeitschrift ›Akzente‹ 2.1955. H. 2, S. 113–115.

49
Aber nein!: A.C. hatte G.B. am 17.2.1955 brieflich gefragt, worin denn die »schwierigen Verhältnisse« der jungen

Dame bestünden, ob sie etwa »ein Kind bekommt oder hat«.

50
Der Schwan: Gedicht von A.C. Publiziert in: ›Der Mannequin‹, S. 10 f. In der publizierten Fassung lautet die 2. Zeile der 1. Strophe: »rings von Rosen giftigrot bewacht«. Vgl. auch Anm. zu Br. Nr. 21.

51
Inhalt Ihres Schreibens: In einem ausführlichen Brief vom 27. 2. 1955 hatte A.C. mitgeteilt, daß »Fräulein Ziebarth« im Winkler Verlag, Köln, als Lektorin anfangen könne, »sobald sie will«. G.B. hat den Brief handschriftlich mit dem Eingangsdatum: »1. III 55 Be« versehen und die Bemerkung A.C.s: »Eins will mir nicht in den Sinn, warum Sie nämlich auf meine Anfrage, ob sie ein Kind kriegte, so antworten: ›Keineswegs, sie ist vielmehr sehr solide etc.‹« mit der Marginalie kommentiert: »Das schrieb ich nicht sondern: ›Was die Frage angeht: O, nein! Keineswegs! Sie ist eine höchst achtbare junge Dame.‹« – G.B. hat den Brief als Beilage seines Briefes vom 1. 3. 1955 im Original an Ursula Ziebarth geschickt. Vgl. Hernach. Gottfried Benns Briefe an Ursula Ziebarth. Göttingen 2001, S. 260.
an H. schreiben: A.C. hatte brieflich erwogen, an Walter Höllerer zu schreiben, um ihm eine andere Auswahl der zu publizierenden Gedichte vorzuschlagen.
sonderbaren Gedicht: G.B.: ›Verliess das Haus‹. In: ›Akzente‹ 2. 1955. H. 1, S. 37 f. Jetzt in: ›Gedichte in der Fassung der Erstdrucke‹, S. 458 f.
Orpheus: G.B.: ›Orpheus Tod‹. In: ›Statische Gedichte‹. Zürich 1948, S. 15–17. Jetzt in: ›Gedichte. In der Fassung der Erstdrucke‹, S. 343 f. – A.C. hatte in ihrem Brief vom 27. 2.

1955 gebeten: »Wenn Sie gelegentlich Zeit haben, schreiben Sie mir doch einmal etwas über Ihr Orpheus-Gedicht, insbesondere über die Stelle: ›Und eine starrt …‹ Hatten Sie ein besonderes Bild dabei im Blick, oder was bedeutet es? Lohner und ich zanken uns schon eine Weile deswegen.« G.B. hatte sich schon am 31.8.1946 bei der Übersendung des Gedichts an Friedrich Wilhelm Oelze in ähnlicher Weise wie hier gegenüber A.C. geäußert (›Briefe an Oelze‹ II, 1, S. 46f. und 52f.). Edgar Lohner hatte er das Gedicht am 19.2.1952 erläutert (›A. Br.‹, S. 227). Vgl. auch die Dokumentation im Kommentar der ›Sämtlichen Werke I‹, S. 439–449.

52
das: G.B. sandte A.C.: Ovid: ›Verwandlungen‹. Eine Auswahl. Bearbeitet von Wilhelm Plankl. Stuttgart (Reclam) 1951.
frühere Reclamausgabe: Sie druckte Ovids ›Metamorphosen‹ in der Übersetzung von Johann Heinrich Voss aus dem Jahr 1829.

53
Ihre 3 schönen Gedichte: Vgl. Anm. zu Br. 48.
Frl. Z.: Vgl. Anm. zu Br. Nr. 47.

54
Rilkeaufsatz: Vgl. Anm. zu Br. Nr. 16.
Gedichte: A.C.s Gedichte ›Der Schwan‹ und ›Herbst I‹. Vgl. Anm. zu Br. Nr. 50 und 35. Beide Gedichte wurden in der ursprünglichen Fassung in ›Der Mannequin‹ publiziert.
Whisky: Erzählung von A.C., publiziert in: ›Neue Deutsche Hefte‹. Dezember 1957, S. 797–806.
Herr Haller: nicht identifiziert.

55
meine Beziehung zu Frl Z.: Über den Streit zwischen G.B. und Ursula Ziebarth vgl. Hernach. Gottfried Benns Briefe an Ursula Ziebarth. Göttingen 2001, S. 370 ff.
Arbeit über das Rilkebuch: Vgl. Anm. zu Br. Nr. 16.
Herrn Gr.: Rainer Gruenter.

56
Whisky: Vgl. Anm. zu Br. Nr. 54.
Herrn N.: Max Niedermayer, der Inhaber des Limes-Verlags, bei dem sich G.B. für die Publikation von A.C.s Gedichten eingesetzt hatte.
Wie sehr Frl. Z. schwindelt: auf gesondertem Blatt beigefügt.
Winklers: Die Familie des Verlegers Michael Winkler, des Inhabers des Winkler Verlags, Köln.
nach W: nach Worpswede.
letzten Heft der »Akzente«: Ruth Strelitz [d. i. Ursula Ziebarth]: ›Die Straße‹. In: ›Akzente‹ 3. 1956. H. 3, S. 252–257.

57
mit Dank zurück: das Manuskript der Erzählung ›Whisky‹. Vgl. Anm. zu Br. Nr. 54.

58
Ost- u. Nordseebäder: Vom 31. 7. bis zum 24. 8. 1955 verbrachte G.B. einen Ferienaufenthalt in Glücksburg und in Westerland auf Sylt.

59
»Origin«: Im Juli 1955 waren Gedichte von A.C. in der Übersetzung Edgar Lohners in der New Yorker Zeitschrift ›Origin‹ erschienen.
Herrn N.s Verhalten: A.C. hatte G.B. gegenüber brieflich dar-

über Beschwerde geführt, daß Max Niedermayer der Meinung sei, Edgar Lohner »habe ihn jahrelang betrogen«, weil er für die amerikanischen Publikationen der von Lohner übersetzten Benn-Gedichte kaum Tantiemen erhalten habe. A.C. nimmt Lohner in Schutz: Lohner »sagte mir, die kleineren Zeitschriften in A. bezahlten Derartiges entweder überhaupt nicht oder ganz jämmerlich«.

Partisan Review: Die Übersetzung des Vortrags ›Altern als Problem für Künstler‹ erschien in der amerikanischen Zeitschrift ›Partisan Review‹ 1955, S. 297–319 unter dem Titel ›Artists and Old Age‹.

Bibliographie von Herrn L.: Edgar Lohner: ›Gottfried Benn. Bibliographie 1912–1956‹. Wiesbaden (Limes) 1958.

Verlagsalmanach: ›Limes-Lesebuch‹. Wiesbaden (Limes) 1955.

Alewyn: Richard Alewyn hatte einen Ruf an die FU Berlin angenommen und lehrte dort von 1955 bis 1959. Vgl. Anm. zu Br. Nr. 17.

60

Aprèslude: Gedichtband von G.B.: ›Aprèslude‹. Wiesbaden (Limes) 1955. A.C. schrieb in ihrem Brief vom 12.9.1955 u.a.: »Wenn aber Sie so gleichgültig mit dem Wort umgehen, wer soll es dann überhaupt noch respektieren?/Sagen Sie nun nicht wieder ›Geld und Ruhm‹! Ich glaube es Ihnen nicht, dass Sie Gedichte schreiben müssen, um zu leben. Wenn es aber so wäre, so wüsste ich genug Leute, die es sich zur Ehre anrechnen würden, Sie zu ernähren (u.a. mich). Und was den Ruhm betrifft –, das ist es ja eben. Sie sind der Dichter der Morgue und der Trunkenen Flut, Sie dürfen mit dem Namen Gottfried Benn doch heute nicht mehr machen, was Sie wollen. Sie haben die Welt beschenkt, wie sie es nie verdient hatte; sie hat dieses

Geschenk mit Staunen angenommen. Was veranlasst Sie also zu dieser Ungeduld, die Sie dem von Ihnen selbst aufgestellten Anspruch untreu werden lässt? Warum warten Sie nicht mehr?« A.C., nahm vor allem Anstoß an Zeilen, wie sie sich in der 2. Strophe des Gedichts ›Eure Etuden‹ finden:

»Das Krächzen der Raben
ist auch ein Stück -
dumm sein und Arbeit haben:
Das ist das Glück.«

(G.B.: Aprèslude. Wiesbaden 1955, S. 25) Vgl. A.C.s Rezension von ›Aprèslude‹ in: ›Kritische Blätter. Zur Literatur der Gegenwart‹. November 1955.

Mannequin: Gedicht A.C.s, publiziert in ›Der Mannequin‹, S. 29–32.

Tournée in Westdeutschland: Am 20.10.1955 las G.B. in Essen, am 21.10. in Düsseldorf und am 22.10. in Wuppertal.

62

in Düsseldorf: Lesung am 21.10.1955. In den Briefen an Friedrich Wilhelm Oelze bezeichnet G.B. seine Abende in Essen und Düsseldorf als »sehr gelungen« (›Briefe an Oelze‹ II, 2, S. 255).

Rundfunksache: Diskussion mit Reinhold Schneider über das Thema »Soll die Dichtung das Leben bessern?« am 15.11.1955 beim NWDR, Köln. Jetzt in: ›Essays und Reden. In der Fassung der Erstdrucke‹. Hg. von Bruno Hillebrand. Frankfurt/M. 1989, S. 593–601.

63
»Konzert«: Else Lasker-Schüler: ›Konzert‹. Berlin (Rowohlt) 1932.
gehn können: Vgl. Anm. zu Br. Nr. 6.

64
Am 15. und 16.11.1955 hielt sich G.B. in Köln auf. Er wohnte im Dom-Hotel. Am Vormittag des 15. wollte er A.C. in ihrem Zimmer in der Gleuelerstr. besuchen, traf sie aber nicht an, da sie in der Universität war. »Konnte mein Veilchensträußchen nicht loswerden« (G. Benn: ›Den Traum alleine tragen‹. München 1969, S. 162). Zum Abendessen lud er A.C. ins Dom-Hotel ein. Sie erschien zu diesem Essen mit Rainer Gruenter. Der Abend verlief in angespannter Atmosphäre.

65
freundlichen Glückwunsch: Zu G.B.s 70. Geburtstag am 2.5.1956 hatte A.C. ihm am 30.4.1956 eine Karte geschickt mit dem Satz: »Lieber Herr Doktor Benn. Zum 70. Geburtstag grüßt Sie in Dankbarkeit Astrid Claes«.

66
Auf vorgedruckter Danksagungskarte geschrieben.
Gin: Vgl. Anm. zu Br. Nr. 25.
The Raven: Vgl. Anm. zu Br. Nr. 5.
wieder krank: G.B. klagte über rheumatische Schmerzen und plante einen Kuraufenthalt in Schlangenbad. Anfang Juli stellte sich heraus, daß er an Krebs der Wirbelsäule erkrankt war. Am 7. Juli 1956 starb G.B.

Astrid Claes
Drei Gedichte

The Raven

Ein Vogel ist,
den ich vor langen Jahren
bei jenem grauen Turm
in London sah.
Er habe, sagten sie,
zuviel erfahren.
Nun saß er schwarz
und ohne Anteil da.
Doch heißt es,
daß er stumm bei Tag und Nacht
den alten Königsschatz im Turm
bewacht.

Es ist ein Traum,
den ich heut' nacht erfahren:
Nach allem Leid
lag ich verloren da.
Verloren, sagten sie,
so jung an Jahren:
Weil ich den schwarzen Vogel
wiedersah.
Nun weiß ich,
welchen Schatz er stumm bewacht –:
Ich sah den Turm von innen
in der Nacht.

Der Delphin

Laßt die Bitten, Freunde, laßt die Fragen,
denn was soll es, daß ihr mich erwählt?
Ihr wißt nur von meinen leichten Tagen,
doch die dunkeln habt ihr nicht gezählt.

Ich will weiter auf den Flüssen fahren,
es ist nutzlos, daß ihr mich so quält –:
Denn ich habe mich vor vielen Jahren
einem mächtigen Delphin vermählt.

Niemals seh' ich ihn, denn er muß schlafen
irgendwo im Tiefen, wo er lebt.
Manchmal singe ich in einem Hafen,
weil ich weiß, daß er das Haupt dann hebt.

Weil ich weiß, er lauscht dann mit den weiten,
übermüden Augen in den Wind …
Keiner soll mich je zur Nacht geleiten,
bis wir beide einst beisammen sind.

Der Lastträger

Er trägt gebückt der andern Bürde.
Sie geben wenig Lohn.
Sie meinen, er hat keine Würde,
er schleppt das schon.

Man sieht ihn meist am Hafen stehen,
bis einer ihn bepackt.
Dann müssen seine Füße gehen,
sie sind nackt.

Bahnhöfe kennen ihn am besten.
Für einen Gin
trägt er den Herren in karierten Westen
die Koffer hin.

Und manchmal, wenn an einer Treppe
Wind ins Gesicht ihn schlägt,
sind Wind und Angesicht und Arm die Steppe,
die schweigt und trägt.

Dann muß er Augenblicke rasten
und sieht die Kunden nicht –:
Ihm dämmert unter ihren Lasten
der Welt Gesicht.

Astrid Claes
Gin

»After the first death there is no other.«
(Dylan Thomas)

Sie stieg aus dem Taxi und kam schräg über die Straße ins Haus. Sie ging mit schnellen, aber seltsam unsicheren Schritten. Ein heller Lederkoffer wurde ihr nachgetragen.

Er stand am Fenster und beobachtete ihre Ankunft. – Sie ist kleiner, als ich glaubte, dachte er. Er rückte seinen Sessel neben das Telefon, das auf dem Nachttisch stand, da er ihren Anruf erwartete. Vom Tisch langte er eine Flasche zu sich her und füllte sein Wasserglas bis an den Rand mit farbloser Flüssigkeit.

Gin, also immer wieder Gin, Gordon's Gin aus der sechseckigen Flasche. Ricarda hatte recht gehabt, ein Getränk für Mädchen mit seiner witzigen Süße, und doch bitter wie Asche. Für Mädchen wie Ricarda …

*

Auf einer Nordsee-Insel sah man im Sommer 1913 zwei junge Menschen, ein Paar von ungewöhnlicher Schönheit. Diese Schönheit war von besonderer Art, eine Schönheit für Kenner, durchaus nicht augenfällig in ihrem eigentlichen Reize. Dieser glich einem Hauch, wie er antike Fundstücke umhüllt, die uns auf Spuren eines unbegreiflich überlegenen Lebensgefühles locken. Eigenartig war, daß diese Schönheit dem Paare nur im Zusammensein anzuhaften schien; einzeln betrachtet war jeder gleichsam nur auf eine

Weise schön, die einem verwöhnten Sinne keine Anregung bot. Dem Zauber jener besonderen Schönheit mußte eine bestimmte Komplementärerscheinung zugrunde liegen, ein elementares und schicksalhaftes Aufeinanderangewiesen-, Einanderzubestimmtsein, das ständig jenen schimmernden Flor der Wohlgeratenheit hervortrieb, der über dem Paare lag. Es fiel auf, wie alle Welt sich nach ihnen umwandte, sich fast erregt aufmerksam machte auf ihren schlanken Wuchs, den freien Gang, der mit jedem Schritt so unwiderruflich Besitz nahm. Ihr Übermut, gepaart mit jener gönnerhaften Gelassenheit, die nur die Jugend kennt, war unvergleichlich. Sie behandelten Welt und Menschen mit der anmutigsten Verachtung. Am Frühstückstisch, abends in der Strandbar warfen sie sich mit leisen Stimmen ihre in Spott gehüllten Einfälle zu. Überhaupt schien der Spott, das sorgsam mitleidlose Zerreiben aller Eindrücke, ihre angeborene Umgangsform mit der Umwelt zu sein. Zuweilen gerieten sie in einen Rausch der Spötterei, in welchem sie nicht nur ihre Sarkasmen mit besonderen Schliffen versahen, sondern der sie zu halsbrecherischen Unternehmungen antrieb, Bootsfahrten bei wilder See, Sprünge von Steildünen herab, wobei sie tänzerisch die Arme nach den Möven hochwarfen und ein singendes Rufen ausstießen. Oder sie jagten und verfolgten sich zwischen den Sandburgen und bunten Sitzkörben der Bürger mit blitzenden Zähnen und hellen Tierschreien.

Ihre wilde Besonderheit wirkte auf einen reizbaren Sinn so stark, daß er beständig bestimmte Traumräume erzeugte, in denen das Paar anzusiedeln war: im spätmittelalterlichen Florenz, im Spanien des Velasquez, am Elisabethanischen Hofe, im Byzanz der Kreuzzüge. Das Paar besaß eben das, was man »Schimmer« am Menschen nennt, jenen von innen herausbrechenden Glanz einer Lebensdurchtränktheit, der in uns Erinnerungen an Bilder heiliger Weltalter auftaut.

Bei näherem Zusehen war eine Ähnlichkeit zu bemerken, die keineswegs in Zügen und Ausdruck lag, sondern tiefer in einer gemeinsamen Geistigkeit, einem gleichen geschmeidigen Elan der Bewegungen, vor allem in der Art, hinter schweren Lidern Blicke voll dunklen Hochmuts umherzusenden. Beide besaßen jedoch die gleichen düsterbreiten Brauenbögen über Augen, die in Höhlen voll wechselnder Schatten lagen. Den Blicken mit ihrem berückenden Gemisch von versonnener Milde und Grausamkeit versuchte man oft auszuweichen, da ihr konzentrierter Spott nicht leicht zu ertragen war.

Der Hochmut des Paares und die Schwerverständlichkeit ihrer ständig mehrdeutigen, ins Vexierbildhafte verliebten Sprache begünstigten keine Zuschauer. Es war daher selbst für die nächste Umgebung nicht einfach zu erkennen, daß gerade das, was die Menschen zu ihnen hinzog, jenes nachtwandlerische Einanderverfallensein und zwingende Bündnis jenseits von Wahl, Willkür und Entscheidung, auf einer sehr irrigen Ansicht des Verhältnisses beruhte.

Das Mädchen, Ricarda mit Namen, kaum achtzehnjährig, zeigte Spuren einer tiefen inneren Entstellung, einer erkältend unbeirrbaren und gleichsam endgültigen seelischen Gleichgültigkeit, die sie mit Steinen und Göttern zu teilen schien. Diese krankhafte Unantastbarkeit gab ihr einen genialischen Zug, der durch eine das Lasterhafte streifende Traurigkeit verstärkt wurde. Viele ihrer Reize allerdings waren einfach Vorzüge ihres kapriziösen Alters, das gerne die überlebensgroßen Rollen des Daseins spielt.

Ricarda verlangte von ihrem Freunde, daß er sie nicht liebe. Mein Gott, welches Ansinnen! Welche ungemein einsichtsreiche Vorsichtsmaßregel, über einem Keller voll Flammen einfach die Tür zu schließen. Ricarda berief sich dabei auf eine Reihe eigentümlicher Grundsätze, die sie, wie sie dem Freunde gestand, während eines langen Krankheitsjahres gefaßt hatte. Jedes Gefühl, das ihr Menschen oder Dinge abnötigten, empfand sie als Eingriff, Beraubung, verschwenderisches Vertun eines Eigentums, das sie mit keinem teilen wollte; als höchst unwirtschaftlichen Umgang mit Besitz,der allein ihre Freiheit sicherte. Liebe? Was sollte sie damit? Sie verspürte keine Neigung, sich mit zweifelhaften Geschenken zu belasten. Ach, wie eilfertig und aufdringlich die Menschen überall ihr bißchen Freiheit anboten, wie ernst sie ihr unerbetenes Angebot nahmen, das sie doch nur mit Mühe nicht gleich wie einen Drohbrief abfaßten. Wie peinlich und schamlos diese Werbungen, denen sie mit Selbstmördergesichtern Nachdruck verliehen; dieser enthusiastische Neid auf die Freiheit eines anderen, ohne fähig zu sein, die eigene zu schützen und zu genießen.

Diese Einsichten, die Ricarda ihrer eindrucksvollen Theorie des Einsamseins zugrunde legte, verteidigte sie in bösen Streitgesprächen, die ihr Freund dann, blaß vor Grimm und Scham, abzubrechen pflegte. Doch wie reizvoll auch der ruhige Eigensinn Ricardas war, wenn sie, ihre Gründe auseinandersetzend, die kleine braune Tierstirn mit ihren Knabenhänden vergitterte und mit den Lippen nach der Spitze einer langen Locke haschte, so zog doch der Mann ungleich stärker an, der ihre Thesen sokratisch zu umzingeln suchte und ihren Trotz in ein System von Falltürchen lockte, dem sie meist nur entrann, weil sie nicht fein und anfällig genug war, um sich darin zu verfangen.

Der Mann war um entscheidende Jahre und Erkenntnisse älter als Ricarda, die wenig, vielleicht gar nichts von ihm begriff. Aber auch sonst konnte sich niemand zutrauen, die Vielseitigkeit seines Wesens zu deuten, in dem sich die Verderbtheit, die kultivierte Willensschwäche und Grazie des Dandy mit der Inbrunst eines Beters verbanden. Er schwieg gern, doch wenn er sprach – und er sprach gut, gewandt, wählerisch in Worten und Fügungen –, so hatte seine Redeweise das fieberhafte Ironische, zu herausfordernden Einseitigkeiten Neigende eines Menschen, der zuviel weiß. Er sprach gleichsam ständig wider sein besseres Wissen, und man hatte das Gefühl, daß er Mißverständnisse mit Absicht entwickelte und vertiefte. Unter der Oberfläche unruhiger und ausgelassener Behauptungen monologisierte er dann vor sich hin, bis sein Selbstgespräch wie auf einen Wink undurchsichtig wurde, bis er die inneren Positionen, die er in einem Anfall von Offenheit zu bezeichnen trachtete, wieder verhüllte und achselzuckend verwischte. Er lachte, wenn Ricarda seine feingefügten Künstlichkeiten mit ihrer kleinen Barbarenhand talentlos zerbrach. Doch man empfand schmerzhaft den Zynismus dieses Lachens, hörte die Enttäuschung heraus, das Lachen des Verkannten und Falscherratenen, der niemand auf seine Fährte zu locken verstand. Doch war es nicht irgendein geheimes Elend, die Bürde einer dunklen Wesenstiefe, die ihn zu Ricarda trieb. Seiner Unrast und Ungeduld lag ein bedrängendes Bewußtsein der Lebensschönheit zugrunde, das nach Mitteilung und Bestätigung suchte, nach einem Partner, der aus gleichen Beglückungen heraus schenken, überschütten wollte. Seine Liebe zum Schönen war zu einer gefährlichen Unstillbarkeit angewachsen; seine Begeisterung war zu schwer und unfaßlich für ein einzelnes Herz, und so hatte er in seinen Gedichten, die ihm einen schnellen Ruhm errangen, gerade und ausschließlich das Häßliche, Schlimme und Abscheuliche besungen in der stummen, von keinem gekannten Angst, von der Gewalt des Schönen, wenn er es ausdrückte und so zum zweitenmal in die Welt stellte, ohne Mitwissen eines gleichgesinnten Freundes vernichtet zu werden.

So lachte er, lachte, indem er die Hand auf die Augen legte, anhaltend in sich hinein, wenn Ricarda ihn einen »Schwärmer« nannte und nichts von der Anmut spürte, mit der er sich, gleichsam abwartend, in die Rolle des Liebhabers ergab. Denn obschon sie gleichgültig gegen das war, was sie seine Liebe nannte, wollte sie doch die romanzenhafte Stimmung der Verliebtheit nicht entbehren. Er nahm auch dies auf sich. Vertraute er vielleicht insgeheim auf jene bestimmte Unwiderstehlichkeit, die sich schon in manchem galanten Raubzug bewährte? Seine Blicke, sein Stimmfall, seine Eleganz, die Art, sich zurückzuhalten, drückten eine unaufdringliche und verführerische Siegesgewöhnung aus, die nicht ohne Eindruck auf Ricarda blieb. Hatte er im Sinn, Ricarda auf den Umwegen einer trivialen Verliebtheit zu gewinnen? Wollte er denn nur, daß sich die hageren Kinderarme Ricardas um seine Schultern legten? Nein, er wollte mehr als das alte Spiel, bei dem er sich, sooft ihn sein schwermütiges Heimweh dazu trieb, höflich, gleichsam als Trostpreis, zur Verfügung stellte. Er suchte nicht jene armseligen Liebesversicherungen, die immer nur, welchen Partner er auch wählte, in einer ratlosen und hündischen Anhänglichkeit endeten. Das Bündnis, zu dem er bereit war, konnte kein anderes sein als ein Bündnis zum Tode, ein Aufbruch zu mythischem Ende, ikarischem Sturz.

Verzweifelt, zerrüttet von der Sehnsucht nach solchen Lösungen, traf er Ricarda, die an einer entstellenden Gleichgültigkeit litt und mit zusammengezogenen Augenbrauen überall Schwärmerei vermutete. Er warb um sie mit der Vorsicht des Spielers, der sich zum letzten Zug rüstet.

Wann die ersten Zweifel kamen, wußte er nicht mehr. Aber er wußte, daß seine Sehnsucht, die ihn in den letzten Jahren von Abenteuer zu Abenteuer trieb, ihn wehrlos gegen die Übertreibungen machte, mit denen er seine Opfer verschönte, sie gleichsam in einen makabren Festschmuck hüllte. Ricardas eigensinnige und zerstreute Unantastbarkeit, der Hauch von Unheil und Hoheit, der über ihrem jungen Gesichte lag, bot seiner Phantasie jede Gelegenheit zu schönen und ausschweifenden Täuschungen. Eines Abends sah man ihn in der leeren Hotelhalle vor dem Spiegel stehen, die Hände auf die Silberknäufe der Rahmensäulchen gestützt, die Stirn gegen das Glas gepreßt, und als der Boy nicht ohne Besorgnis näher trat und ihn anrief, wandte er ihm langsam sein Gesicht zu und lächelte puppenhaft. Stirn, Schläfen und Wangen waren wie mit grauem Staub überzogen.

Der Junge erinnerte sich dieses Vorfalls, als ihm Ricarda am nächsten Tag sagte, ihr Freund sei abgereist.

*

Er nahm den Hörer ab und meldete sich. »Kommen Sie doch herüber, bitte«, sagte eine dunkle Mädchenstimme. Er legte auf und erhob sich schwerfällig.

Auf dem dämmrigen Flur zwischen ihrem Zimmer und dem kleinen Bad kam ihm Corinna entgegen. »Hallo, Herr Doktor!« rief sie leichthin. Ihre Hände hielt sie auf dem Rücken.

Er setzte sich in einen der beiden Sessel, den sie ihm anbot. Die Art ihrer Begrüßung hatte ihn ein wenig bestürzt, aber nicht sehr. Es gab nichts mehr, was so wichtig war, daß man davor erstaunen mußte. »Wie war die Reise?« fragte er höflich und betrachtete, während sie sich mühsam bedankte, gelassen ihre Erscheinung. Sie trug einen leichten lila Pullover mit hohem, schmalgestricktem Hals, dazu einen schwarzen, raffiniert schlicht geschnittenen Rock und schwarze pantoffelartige Wildlederschuhe. Ihre Arme waren unbedeckt und sehr lang und hager. Ihre Beine dagegen schienen ihm wohlgeformt wie die Beine einer Tänzerin. Das lange dunkle Haar, dessen Farbe nicht mit Sicherheit festzustellen war, fiel vorn weit in die Stirn und an den Seiten schwer auf die schmächtigen Schultern herab.

Er machte den Vorschlag, zum Schloß hinaufzufahren, und sie war einverstanden. Es war ein schönes altes Haus, ein Wasserschlößchen aus den ländlichen Jahrhunderten der Stadt, in schlichtem Empire erbaut, mit hellgelbem Mauerwerk, mit flachem Schieferdach, klargegliederten Fensterreihen und zwei Eichenportalen in kannelierten Umrahmungen. Sie standen vor dem Gartenflügel des Gebäudes, den von allen Seiten die alten Ulmen und Linden umdrängten, die ihre breiten Astfächer nah über spiegelndes Weiherwasser hielten. Die Stille hier war tief wie im Kern großer Wälder. Die Seerosenblätter lagen ruhig auf dem Wasser wie auf einer großen aus Onyx geschnittenen Tafel. Zwei Schwäne ließen sich schläfrig und vornehm von der leichten Strömung oder von späten Winden auf ein kleines rauschendes Wehr zutreiben. Die gleichen Winde bewegten das Laub, das den Weg zu einem verfallenen Pavillon bedeckte, und aus den tiefergelegenen Gartenteilen führten sie die strengen Gerüche von Wasser, faulendem Laub und feuchten Mauern herauf, in die sich der Weinduft niegepflückter Rosen mischte, die in den schwarzen Hecken bleichten wie verwehte Fetzen eines zerrissenen Briefs.

Er stand dicht neben ihr und beobachtete sie unbemerkt. Nun erst sah er ihr Gesicht. Hoch in die Stirn ausschwingende Augenbrauen übertrieben den schwärmerischen, ein wenig verweinten Blick. Ihr Hals hatte etwas unwahrscheinlich Schlankes, etwas, das zu biegsam war für diesen Kopf mit dem kühnen, voll-lockeren Haarschopf. Und er träumte diesen Hals plötzlich frei, träumte einen strengen Knabenhaarschnitt für diesen Kopf und eine offene Stirn über das stille Gesicht.

Und nun erstaunte er doch, da er bemerkte, wie ein feiner Zauber ihn durchzuckte, als er mit langsamen Blicken die schmale, ironische Linie ihrer Lippen nachfuhr.

Hatte sie ihn beobachtet? Denn plötzlich schürzte sie den Mund, den er mit wachsender Versonnenheit studierte, lächelnd, fast schelmisch. Und als er bestürzt aufblickte, fühlte er, daß er erbleichte unter der dunklen Anmut ihrer Augen. Eine gewisse tauige Tiefe dieser Augen hatte sie mit der schönen Türkin des Parmingiano gemeinsam, deren Bildnis zwischen den zwei Kerzen seines Schreibtisches hing. Doch nichts von den kapriziösen Bosheiten des Sklavinnenmundes und der mit Pfaufedern spielenden Hand.

Er versuchte sich zu fassen und jene unbegreifliche Befreiung, die er empfand, zu benennen. Und dann spielte von den Mundwinkeln her auch über seine Lippen das Lächeln, das nun beiden Gesichtern den gleichen geistreichen Zug verlieh: jenes Lächeln des Einverständnisses, ehe noch ein Wort gewechselt ist. Dieses Lächeln gleicht einer chiffrierten Anfrage, einem blitzhaften Enthüllen aller Karten, und wird es bestätigt, so deutet es eine der tiefsten Freuden an, die der menschliche Dialog kennt. Es ist die Freude der Einsamen, erraten zu sein.

»Warum sind Sie eigentlich so krank?« fragte er unvermittelt und legte die Hand im grauen Lederbezug leicht auf ihren herabhängenden Arm. Sie schrak zusammen, sah ihn aber nicht an.

»Wieso?« fragte sie, blaß werdend.

»Nun, ich habe nicht nur Ihre Briefe. Gedichte, wie Sie sie mir schickten, sind anders nicht zu schreiben. Aber ich frage mich, warum das so ist. Sehen Sie, bei mir ist es etwas anderes, ich bin nun achtundsechzig. Aber mit sechsundzwanzig ...«

»Könnte das nicht vielleicht ganz anders sein, als Sie es sehen?« fragte sie höflich. »Sie sagen, solche Verse schreibt man nur, wenn man krank ist. Vielleicht sind sie es, die krank machen! Ich meine, vielleicht ist es die Kunst selbst, die sich ihren Boden bereitet.«

»Hm. Urromantische Vorstellung vom Verzehrungscharakter der Kunst.« Er sah sie prüfend von der Seite an. Zu romantisch für sie, dachte er, wenngleich dieses Haar ... Sie will offenbar diesen Eindruck erwecken, märchenhaft, unwissend zu sein. Warum? Jedenfalls war das eben ein Ausweichen, ein ganz bewußtes. Warum tut sie das?

Laut sagte er: »Nein, Kindchen, so ist das nicht, und Sie wissen das ja auch ganz gut. Der Boden, den Sie meinen, ist da, immer ist er zuerst da, und die Kunst, die blüht oder wuchert nur auf dem, was sie vorfindet ... Aber lassen wir das, wenn Sie nicht wollen.« Er faßte nach ihrer Hand und führte sie langsam zum Wagen zurück.

Plötzlich blieb sie noch einmal stehen. »Kennen Sie Dylan Thomas?« fragte sie ihn. Er verneinte, er könne ja gar kein Englisch. »Ein Freund von mir«, sagte sie. »Er starb im vorigen Jahr, mit neununddreißig Jahren. Neunzig Gedichte hat er hinterlassen, die Ausbeute eines zwanzigjährigen Schreibens; das ist wohl die richtige Zahl. Diese Gedichte sind neue Natur, Hinzufügungen zu den Schöpfungsbeständen, so etwas wie kleine Sternbilder, die von nun an den Weltraum durchkreuzen. Ich glaube, Zeilen von Gedichten müssen so einleuchten, wie es seine tun, ohne unsere geistige Fassungskraft zu bemühen, müssen eindringen wie getrunkenes Wasser in unsre Gewebe. Ja, wie kam ich darauf? Ach so, unser Gespräch! Ich wollte sagen, der kannte das, wovon Sie eben sprachen. Seine Zeilen führen uns mitten hinein, ›nach Haus‹: After the first death, there is no other.«

Später saßen sie in einem hübschen Keller, und sie wollte nichts essen. »Aber trinken werden Sie wohl irgend etwas?« fragte er geduldig. »Ja«, sagte sie interessiert. »Ich möchte – ein wenig Gin.« Er starrte sie fassungslos an. Dann, als sie das Glas an den Mund nahm und es gierig und in viel zu großen Zügen leerte, wanderten seine Gedanken wieder ab.

*

Neun Jahre waren seit jenen tiefsinnigen Abmachungen vergangen, die er mit der jungen Gräfin Thun getroffen hatte. Sie hatten sich getrennt, entsetzt und ironisch zugleich, um einander die letzte Selbstachtung zu bewahren und der Zeit zu überlassen, was weder Einsicht noch Zucht vermochte. Sie beschlossen durchaus nicht, sich zu vergessen. Dazu war das Abenteuer, das sie einander gewährten, zu verlockend und das Wissen, das einsame, zuweilen satanische Einverständnis zu verbindlich und tief. Es dürften Menschen ihrer Art nicht zusammentreffen. Ihre Einsamkeitserfahrung ist eine außerordentliche. Das Unbelehrbare in ihnen, das in uns allen verborgen ist, bestimmt ihr Wesen in einem besonderen Maße. Zu erziehen ist an ihnen nichts. Sie unterliegen keiner Willkür und sind vollends Einzelne und unwiederholbar, indem sie gleichsam wie Märtyrer sehr besonderer Voraussetzungen auftreten. Sie sind sich so ähnlich in der Schärfe, in der Krankheit ihrer Intelligenz, daß sich ihr Verhältnis langsam mit jenen phantastischen Fiebern durchsetzt, wie sie die Denkkraft eines Menschen befallen, den in irgendeiner weißen Nacht die Vorstellung überwältigt, daß er noch einmal, daß er eine zweite Person lebe, die wie aus dem Spiegel geschnitten auf ihn zutritt.

Diesen Schrecken hatten wohl beide empfunden, als sie sich zum ersten Male gegenübersaßen. Sie betrachteten sich plötzlich, das angehobene Glas in der Hand, das Gespräch mit dem Tischnachbarn unterbrechend, mit gesammeltem Blick. Es war mehr als das verwöhnte Erstaunen des Routiniers, was seine Augen verdunkelte. Und der Schrecken verwandelte sich in ein eigentümliches Wohlbehagen, als er hinter seinen Wimpern ihr Gesicht nach schlüssigen Anzeichen abzutasten begann. Er ahnte den kostbaren Stil ihrer Verführungen, als sie ihre nackten Schultern leicht zusammenzog, so daß sie die Spitzen der großen orangeroten Seidenschleife berührten, die zwischen ihren Brüsten brannte. Sie beugte sich vor und streifte ihn mit dem Schimmer ihres sinkenden Blicks wie mit der äußersten Spitze einer elfischen Feder, eines Fächers. Verzaubert saß er, reglos wie unter einem goldenen Netz, das sie über ihn geworfen hatte und nun langsam zusammenzog.

Zu Beginn ihrer Unterhaltung mußte er ihr das Lob erteilen, daß sie eine wahre Schülerin des Epikur sei. Bestimmte Anschauungen des griechischen Denkens sind für uns verschüttet; so fehlt unserer Sprache der Begriff für die Spielart der Moral, die uns an Alkibiades bezaubert. Den Hochmut dieses Daseins, das feine cäsarische Verhältnis zum Glück kennt eine Welt nicht mehr, welche die Unschuld des Selbstbewußtseins verloren hat. Diese Unschuld meinte er, als er der Gräfin seine Schmeichelei sagte. Sie war der freieste Geist, den er in vielen Begegnungen und Abenteuern angetroffen hatte. Und die wunderbare Bestimmungslosigkeit, mit der sie lebte, war es auch, die ihn zwang, sein Leben zu ändern.

*

»Ich möchte etwas wissen«, sagte das Mädchen an seiner Seite. »Warum publiziert man etwas?«

»Was für eine Frage!« versuchte er sich herauszureden, denn er mußte sich gestehen, daß er darüber oft schon nachgedacht hatte, aber ohne Ergebnis.

»Ich meine«, fuhr sie fort, »was treibt einen, der behauptet, niemanden mehr anzureden, ›monologische Kunst‹ zu machen, diese Kunst dann doch immer wieder allen vorzulegen? Warum publiziert man etwas?« beharrte sie eigensinnig.

»Seien Sie doch nicht so streng und grausam mit einem armen Mann wie Hamlet! Glauben Sie, man kann alles beantworten? Hinter Ihrer Hauptfrage stehen gleich mehrere Nebenfragen. Zum Beispiel grenzen Sie innerhalb der Kunst das Konventionelle von dem Elementaren ab. Das Konventionelle nimmt einen großen Raum ein. Publicity, Geld, Ruhm, das ganze Institutionelle des Betriebes. – Da es dies gibt, wird dahin geliefert. Andererseits lockt dies auch echte Produktion hervor. Aufträge zum Beispiel setzen Zögerndes in Gang, bringen Notizen und Einfälle zur Sammlung. Das gilt natürlich nur für einen, der schon Blut geleckt hat; warum der Anfänger, Novize, Schüler veröffentlicht, weiß ich nicht – bitte, strenge gotische Domfigur, erlassen Sie mir weitere Bemerkungen hierzu, ich bin nicht in Stimmung, darüber zu reden.«

Sie nickte, »Geld und Ruhm – jaja, das ist natürlich überzeugend, dagegen läßt sich nun nichts mehr sagen«, sagte sie spöttisch.

»So war es nicht ganz gemeint«, entgegnete er geduldig. »Ich will nur Ihre Aufmerksamkeit auf die konventionellen und gesellschaftlichen Seiten des Kunstproblems richten.

Und Geld – warum eigentlich erscheint das in unseren Bereichen so unangemessen und unerlaubt, was jedem beliebigen Handwerker selbstverständlich ist? Ja, wo liegen sie denn eigentlich, die stets so betonten entscheidenden Unterschiede, die solche hohen Forderungen berechtigen? Immer noch die Vorstellung von der geheimnisvollen Entstehung des Gedichts, das allem möglichen Unbenennbaren sein Dasein verdanken darf – nur nicht den Worten oder richtiger ihrem geschickten Arrangement? – Das neue Gedicht, die Lyrik, ist ein Kunstprodukt, und als solches nicht unbezahlbar.«

Sie hatte, während er sprach, die Hand auf die Augen gelegt. Nun strich sie sich mit müder Bewegung über die Stirn, richtete sich in dem kleinen Sessel auf und maß ihn mit mißtrauischem Blick.

»Wir hatten in der Schule einen Lehrer«, begann sie langsam, »der Aufsätze schreiben ließ über die Türklinke, das Tintenfaß oder den Schlüsselbund, den er auf ein schwarzseidenes Taschentuch legte. ›Gefühl ist Schall und Rauch, der Name alles‹ – so spielte er mit dem Lieblingssprichwort des alten Jahrhunderts, und niemand natürlich verstand ihn.

Das ist lange her, und nun schreiben in allen Erdteilen die Dichter ihre lesbaren Sachen (alles andere ist ›Heu für die Kühe‹) über den Kummer, daß man nur weiß, Worte zu finden für das, was man nicht mehr zu sagen hat, oder Worte, mit denen man es nicht mehr sagen möchte. Probleme, Mythen, Läuterungen, Entscheidungen, Gefühle – mein Gott, darauf kommt es gar nicht mehr an. Dichten ist Worte finden, und zwar affektfrei, die Hand darf nicht zittern, sonst gibt es die langwierigen Fehlurteile, die saloperies feminines, das schmierige Mißverständnis der Kunst.

Was soll das gehetzte Anbieten neuer Erschütterungen, neuer Weltbilder«, fragte sie heftig, »wenn die Darstellung an keiner Stelle die alten Oberflächen durchstößt, wenn wir die Worte nicht finden, die wir uns von der Sprache nicht schenken lassen dürfen wie das Reisegeld zu einer Insel, die wir allein entdecken müssen! Schon das Geringste gelingt nicht: zu sagen, wie anders die gleiche Tür aussieht, wenn sie ein Ehebrecher hinter sich verriegelt oder wenn sich dahinter ein leeres Büro am Sonntagnachmittag langweilt oder drei Vierzigjährige in Hemdsärmeln einander stumm gegenübersitzen. Noch immer überall der alte Betrug an der Wirklichkeit. Keiner ist auf der Suche nach ihr, und sie setzen sich alle, falsch beraten, in Bewegung, wenn sie nicht wissen – diese Erschütterten, diese ruinierten Wahrsager mit ihren ausgemergelten Herzen, die so kokett ›immer ins Nichts‹ geraten, diese Melodiösen mit ihrem pragmatischen Trick: Notierung von ›Veränderungen‹ als künstlerische Ausbeute, diese zur Schau gestellten Bewohner ›letzter Landschaften‹ (Provence, Catalogne, Bloomsbury Square), diese vor welkenden Eliten herumgereichten Artisten –, daß sie alle sinnlose Klassizisten sind mit ihrem unerträglichen Zutrauen – denn warum benutzen sie Worte? – zu den Worten, die ihren Stimmungen zuströmen, und mit ihren Stimmungen, die heimlich doch nach den gängigen Ausdrücken abwandern, auch wenn man die Stimmungserreger einer futuristischen Toxikologie zu entnehmen hat. Wir werden von künstlichen Erdsatelliten zum Mars geschossen, aber nicht zur Wirklichkeit«, schloß sie traurig, »nicht zur angemessenen Sprache. Die Seele wird mit unbeirrbaren Indiskretionstechniken aufgeräumt wie eine Wohnung vor Sonntag, aber was wir suchten, findet sich nirgends: das neue Wort, der Heiland der Sprache, der allein in die Königsstadt führt; denn sonst bleibt alles nur Raubzug, der im Dschungel zugrunde geht.«

Er hatte erstaunt zugehört. Fast selbst erregt, beobachtete er den Wechsel von Zorn und Trauer in ihrem klugen Knabengesicht. Doch fühlte er sich für jetzt unfähig, auf ihre Worte einzugehen.

»Übrigens, aus Geld habe ich mir persönlich nie viel gemacht«, ergänzte er sein früher Gesagtes, um sie abzulenken. »Mußte nur so viel haben, um ohne Ärger leben zu können. Wenn ich genügend zusammen hatte, ging ich davon auf Reisen, lebte von der Hand in den Mund, und es ging gut.«

Sie sah ihn freudig an. »Ja Reisen«, sagte sie versonnen. »Das kenne ich – Mais les vrais voyageurs sont ceux-là seuls qui partent pour partir…«

Sie gingen auf ihre Zimmer, um sich für eine halbe Stunde niederzulegen. Während er auf seinem Bett lag und sein Glas Gin vom Nachttisch nahm, dachte er an seine Flucht.

*

Er stand an der Reling seines dunklen kleinen Schiffs und betrachtete die Lampen der Stadt, die langsam zerflossen. Den Kragen hochgeschlagen, die Hände geballt in den Taschen, leisen Meerwind im Haar, so stand er. Er wußte, daß niemand an ihn dachte, und er genoß dies Bewußtsein. Und selbst wenn, wer erreichte ihn noch? Im Grunde war das Tod, der irgendeinen letzten Vollzug vergaß. Daß er den Meerwind spürte, schien ihm ein Abenteuer. Seine Verlassenheit war vollkommen; selbst die zarte Familiarität seiner Leiden ekelte ihn an. Er litt nicht mehr. Aus den reinsten Stoffen wob sich eine neue, unverbrauchte Natur zusammen.

Sein Schiff setzte ihn am Golf von Maracaibo ab. Er arbeitete, lebte, wenig angenehm zwar, aber nach einem Jahr gehörten die Abendstunden ihm, ebenso die Terrasse, auf der er bei einem Windlicht lag und rauchte, und das flache Holzhaus dahinter. Hier traf ihn auch eines Tages seine Braut, die hergereist war, um einfach bei ihm zu bleiben. Sie führte seinen Haushalt, obwohl sie nichts davon verstand, arbeitete, ordnete die Astern in den Vasen und stellte in säuberlich geschriebenen Berichten die meteorologischen Beobachtungen zusammen, die er nach Carracas schicken mußte, nachdem er die Wetterstation übernommen hatte. Sie war einsilbig, doch heiter, mild und anmutig. Eines Abends trat sie mit Tränen in den Augen vor ihn hin und hielt ihm stumm ein zerbrochenes Maßglas entgegen. »Ungeschickt, nicht wahr?« fragte sie nach einer Weile. Er erwiderte nichts; eine seltsame Ironie durchschattete sein scharfes Gesicht. Doch sind Menschen von seiner tiefen, fast tragischen Höflichkeit solchen Verführungen nicht gewachsen. Er war unempfindlich für das Unmögliche seines Friedens geworden. Und zuvorkommend, wie er war, konnte er ihrem ernsten Blick, dem gelassenen Triumph, ihn zu verstehen, nicht anders entgegentreten als mit Eingeständnissen, an die er, verführt, bedrängt von seiner Höflichkeit, fast selber glaubte. Er wußte wohl, daß sie nicht nach ihm, sondern nach den Erkenntnissen trachtete, die das einsame Herz wie Perlen bildet. Doch langsam überredete ihn ihre inständige Anteilnahme, und an einem frühen Morgen, sie war im Garten zwischen den Blumen, trat er an sie heran, legte den Kopf in ihre Arme und weinte. Als er nach einer Weile aufsah, umspielte ein üppiges Lächeln, das Lächeln eines bösen Engels, ihren Mund, und ihre Augen durchkühlte ein fremdes Licht.

*

Er klopfte sehr pünktlich. Corinna trug ein Kleid aus blauer Seide mit weiten, offenen Ärmeln. Aber sie war noch nicht gekämmt, und er mußte warten, während sie nach ihren Spangen suchte und einen schmalen blauen Stein um ihren Hals band. Dann gingen sie zusammen in die Halle.

Sie wollte Tee trinken, und er schüttete ihn für sie in die Tasse. Sie sah ihn dankbar an.

»Ich habe so oft über Sie nachgedacht«, sagte sie. »Manchmal schrieb ich diese Gedanken auf. Ich möchte Ihnen gern etwas vorlesen, wenn Sie es mögen.«

Er legte seine Hand um ihre und nickte, und sie nahm mit behutsamer Bewegung ihre Hand an sich, neigte sich über die Blätter und las mit wachsender Stimme:

»Er war von einer mehrjährigen Reise zurückgekehrt. Die Bedingungen, die ihm auferlegt waren, hatte er befolgt. So hatte er verschmäht, sich länger als zwei Tage am gleichen Orte aufzuhalten. Die Verbindung mit näheren Menschen hatte er ausgelöscht, sich aus allem zurückgenommen, keinen Brief geschrieben, selbst der kargsten Nachricht sich enthalten und kein Gespräch geführt, das nicht einem feinen Raubzug glich. Es verlangte die Kunst, dem Partner jedes Geständnis zu entlocken und sein Gefühl zu beschämender Entäußerung zu verleiten. Da die Liebe an außergewöhnlichen Ansprüchen gescheitert war, blieb dem Enttäuschten die Leidenschaft der Erkenntnis. Das zerbrochene Machtgefühl der Liebe rächte sich durch eine Kälte der Seele, die den großen Zyniker erzeugte. Ein gefährlicher Abstand zu allem Lebendigen entstand, der überall den grundsätzlichen Mißbrauch wollte. So entwickelte sein Geist in seinen Erkenntnissen eine gewisse verzeichnete Genauigkeit, überscharfe Wahrheiten, die

Erscheinungen wie in Hohlspiegeln verzerrten. Ihn beherrschte der Wille, alles in einer diagnostischen Formel auszuwerten. Der natürliche Sehvorgang wurde hier gleichsam durch die lückenlose Verknüpfung mikroskopischer Beobachtungen ersetzt.

Der Reisende war erschöpft zurückgekehrt. Die torturierende Art der ›Gewissenserforschung‹, an die er sich gewöhnt hatte, ließ ihn in einer moralischen Einsamkeit zurück, die kein Sterblicher, ohne Schaden zu nehmen, aufsucht. Von Tag zu Tag hatte die Müdigkeit zugenommen, und er wußte wohl, daß es nicht Weisheit war, was ihn wie eine eifersüchtige Geliebte sanft und intrigant von Menschen und Dingen löste. Es war ein Egoismus von gleichsam chemischer Reinheit.

Im letzten Jahr hatte er zuweilen versucht zu dienen, wortlos und unter falschem Namen gefährliche Verrichtungen auszuführen. Es geschah dies aus einem seltsamen Verhältnis zur Sprache heraus, die seinen inneren Erfahrungen nicht mehr genügen konnte. Ihn peinigte die grobe Ungenauigkeit der Sprache, die einem Maßstabe gleicht, der keine Unterteilungen besitzt. Er litt unter dem Mangel an Präzision, den die Sprache immer wieder bewies, wenn er seine Entdeckungen in sein Taschenbuch eintrug. Die unentdeckte Wirklichkeit in Gedanken und Dingen erregte ihn tief, und er brauchte eine Sprache, die die Grenzwerte seines Denkens in klaren Formeln einfing. So sollten die Gefahren, die er suchte, sein Wort schärfen, zuspitzen und zugleich beweglicher, findiger machen. Schon im Kriege hatte er bemerkt, wie sehr die Gefahr die Kraft und Treffkunst des Wortes vermehrt.

Zuletzt versuchte er noch einmal, Menschen nahezukommen, wohl nur aus dem Spieltrieb seiner Gleichgültigkeit heraus. Alle Verhältnisse jedoch, die sich flüchtig bildeten, alle Anspielungen, durch die er sich, oft wie mit verzweifelter Gewalt, näheren Menschen deutlich zu machen suchte, bewiesen ihm immer wieder, daß jeder Mensch nur allein die Erde bewohnt. Er wußte, daß er nicht lieben, nur ruinieren konnte, aus den Trümmern allerdings kostbare Funde an Selbstkenntnissen zusammenzulesen verstand. Er hatte alle Figuren der Liebe versucht, nur eine gemieden, die schwerste, die strahlende Figur des Heiligen. Er glich einem Pfeile, der den größten Abstand vom Ziele hat, wenn in der angezogenen Sehne die ganze Energie des Abschusses auf ihm ruht.

In der ausgeräumten Diele seiner Wohnung standen die Koffer noch ungeöffnet. Die Fensterläden waren verschlossen, Schränke und Sessel mit Staubhüllen aus hellgrauem Leinen überzogen. Die Bilder steckten in olivfarbenen Segeltuchfutteralen. Die Wirtin hatte sein Bett in der schmalen Schlafkammer frisch hergerichtet und Gartenastern auf das Fenstersims gestellt. Düsterrot prangten die schweren Kelche in der alten holländischen Vase, die ein Seebild in den Farben Cuyps verzierte. Nach einigen Tagen waren die Blumen verwelkt; Staub sammelte sich wieder auf Leisten, Vorsprüngen und Kanten an. Das Bett blieb unberührt.

Er schlief in einem Ohrensessel, den er sich an das große, bis zum Boden reichende Terrassenfenster gerückt hatte. In den dunklen Gläsern der Fenster betrachtete er, wenn er nicht in seiner leichten, schreckbaren Art schlief, die Veränderungen des Himmels und die farbigen Massen der Herbstwipfel. Tag und Nacht regnete es einsilbig und leicht wie Licht auf die alten Bäume nieder, auf den Rasen, auf die Sandwege des Gartens, auf den kleinen Weiher, der hinter den entlaubten Ästen wie aufgespannte Seide glänzte. Selten nur blickte er von den Spiegelungen weg in den Garten, dessen Widerbild in den Gläsern dunkler war und mit den Reizen fremder Landschaften spielte. Doch oft saß er auch mit geschlossenen Augen, als schmerze ihn jeder Blick. Er drückte dann die Fingerspitzen gegen die Schläfen, knöpfte fröstelnd sein Jackett über einem forellengrauen Halstuch zusammen, indem er seine Hand wie in inständiger Beteuerung auf der Brust, dicht unter dem Herzen, liegenließ.

Im Spätherbst war er heimgekehrt. Nach einigen Tagen schon hatte er Einladungen erhalten, die er ablehnte, wenn er sie nicht unbeantwortet ließ. Das große ausgeräumte Haus mit seinen klösterlichen Korridoren und grauen Steinböden verbarg ihn gut, obschon er keine Neugierde zu befürchten hatte.

Um die erste Abendstunde verließ der Heimgekehrte seinen Sessel und ging in den Gartensaal. Die Terrassentüren standen weit offen. Er trat an sein Lesepult und las laut und langsam aus einem aufgeschlagenen Buch:

›Je veux, pour composer chastement mes églogues
Coucher auprès du ciel, comme les astrologues,
Et, voisin des clochers, écouter en rêvant,
Leurs hymnes solennels emportés par le vent.
Les deux mains au menton, du haut de ma mansarde,
Je verrai l'atelier qui chante et qui bavarde;
Les tuyaux, les clochers, ces mets de la cité
Et les grands ciels qui font rêver d'éternité ...‹

Der Winter kam, das Frühjahr, das die Zimmer mit schmelzenden, silbernen Lichtern füllte; der Heimgekehrte änderte seine Gewohnheiten nicht und verbrachte Tage und Nächte in seinem Sessel am Fenster. Einmal war er ausgegangen, als er morgens einen Brief mit blauem Palmettensiegel vorfand. Gegen Mittag verließ er das Haus, sorgfältig und dunkel gekleidet, und nach vier Tagen kehrte er spät in der Nacht zurück. Ohne Licht zu entzünden, tastete er sich an seinen Fenstersessel und fiel sogleich in Schlaf. Er erwachte, als die schnellschlagende Turmuhr des nahen Klosters mit hellen Zimbeltönen herüberklang, zählte flüsternd mit, zählte immer weiter, bis er wieder wie erstarrend einschlief. Später erwachte er noch einmal, und mit blinden Blicken sah er eine Zeitlang in ein düsterzuckendes Märzgewitter, das lautlos hinter den Bäumen und schwarzen Dächern stand, als schössen die bösen Illuminationen eines fernen Schlachtfeldes in den Himmel. Als morgens die Wirtin die Klinke niederdrückte, um das Frühstück zu bringen, zwang sie eine Handbewegung von suggestiver Entschiedenheit, die Tür erschrocken zu schließen. So verging auch der Sommer, und noch immer blieben die Koffer ungeöffnet, die Bilder in ihren Hüllen, die Bücher verschlossen hinter den zierlichen Gittermauresken der großen Schränke. Seit jener Märznacht hatte er das Haus nicht mehr verlassen. Es war, als ob er in dieser Nacht mit äußerster Anstrengung in seine Wohnung zurückgefunden habe, um von Abenteuern auszuruhen, die keines Menschen Hand mehr aufzeichnen kann. Zuweilen an hellen Abenden näherten sich schöne Erinnerungen, und er atmete still, schauernd, wie ein Falter, der den Winter spürt und sich im Brokat einer Portiere verbirgt.«

Corinna schwieg. Lange saßen sie so und sahen aneinander vorbei.

»Wer hat das aus Ihnen gemacht?« fragte er endlich. »Ich meine diese Mischung von Kindhaftem und Todkrankem in Ihrem Wesen. Wer hat das gemacht? Ein Mann?«

Sie sah heftig auf, abwehrend, wie eine Katze, die angegriffen wird und die große Angst hat. Doch seinem gleichbleibend ruhigen Blick war ihr Trotz nicht gewachsen. Ausweichend wanderten ihre Augen über ihn hinweg, und plötzlich geschah etwas. Er wußte nicht, was es war, aber er fühlte sich erschrecken vor der kaum glaubhaften Intensität, mit der sich ihre Züge veränderten. Und doch während dieses Vorgangs nickte sie, verlegen, fast verstockt, aber sie nickte.

»Ist es ein – junger Mann?« fragte er behutsam weiter.

Sie schüttelte den Kopf. Ihre glänzenden Augen weiteten sich immer noch mehr, und ihr ganzes Gesicht war geöffnet von der Anstrengung, ein fast zu großes, ein überwältigendes Bild hereinzuholen.

»Er ist nicht jung – und nicht alt«, sagte sie langsam. »Er ist die Mitte, immer beides zugleich. Sie dürfen nichts Falsches denken, er ist nicht mein Freund, unsere Verbundenheit ist nirgends greifbar. Nie habe ich versucht, mich in sein Leben zu drängen. Aber es gibt ein anderes Land als das Leben, in dem ich mich mit ihm vereinen möchte. Es ist das besondere Land, das wir beide lieben und als dessen Gesandter er mir von Anfang an erschien. Erst seit ich ihn kenne, weiß ich, was das ist: ein Gedicht; erst seit ich ihn kenne, kenne ich den Tod.

Dies alles geht nun schon viele Jahre so. Glauben Sie, daß sich etwas Entscheidendes je ändert? Nein, nicht wahr? Wir alle bleiben, wer wir sind. Nehmen Sie ein Samenkorn, stecken Sie es in die Tasche und reisen Sie damit um die Welt, es wird sich an seine paar Bedingungen halten und, senkt man's in sie ein, dankbar, nicht zu beirren, sein fatal behaltenes Wesen entfalten. Sind wir nicht ähnlich? Was habe ich alles getan und was ist mir geschehen, seit ich ihm zuerst begegnet bin! Menschen, Länder, so viel ›Leben‹ – umsonst, alles blieb fremd, und immer kam ich zurück, verzehrt von der Not, die vertraute Stimme zu hören irgendwo unter anderen in einem weiten Saal. Lange seh' ich ihn nicht, oft ist er nur noch mein Traum, aber ich liebe den Traum mehr als das Leben. So träume ich, spüre den leichten Gin-Rausch durch die Schulterblätter wehen, immerzu: komm doch, komm doch, komm doch, komm doch ... Und dann geschieht das Unerwartete: Er geht an meinem Haus vorüber, ich sehe seinen blauen Mantel für einen Augenblick, oder seine Bücher, die mit den wilden Liedern, liegen auf meinem Tisch – und er ist da! Ich lese, schreibe, ich tue irgend etwas, aber nun ist dies der Traum, und in Wirklichkeit singe ich Tag und Nacht in seinem Arm.«

Sie gingen hinauf.

»Ich werde noch etwas zu trinken bringen für die Nacht«, sagte er, als er sich vor ihrer Tür verabschiedete.

Man hatte die Orangeade schon auf sein Zimmer gebracht. Er nahm das Glas, zündete eine Kerze an und trug sie, die Flamme mit der Hand umhüllend, über den Flur.

Sie stand am Fenster und suchte im Dunkeln irgend etwas zu unterscheiden. Er trat an den Tisch und setzte den Leuchter nieder und das Glas. In unruhigen Goldtönen spielte das Kerzenlicht auf den schimmernden Lorbeerflechten der Tapetenseide. Sie wandte sich um und kam auf ihn zu. Der Sommergeruch gepreßter Kräuter und Rosenblätter stieg aus ihrem Haar. Der Dichter breitete plötzlich die Arme, und sein Gesicht erblaßte im Gefühl eines schweren stummen Jubels.

Die Erde war schön.

Sie kam aus dem Haus und lief schräg über die Straße zum Taxi hin. Sie ging mit schnellen, aber seltsam unsicheren Schritten. Ein heller Lederkoffer wurde ihr nachgetragen.

Er stand am Fenster und beobachtete ihre Abfahrt. »Sie

ist größer, als ich glaubte«, dachte er. Er griff in die Tasche und brachte ein Blatt hervor, das er langsam entfaltete. Vom Tisch langte er die Flasche zu sich her und füllte sein Wasserglas bis an den Rand mit farbloser Flüssigkeit.

Dann las er einsam und leise die folgenden Verse, über denen in klaren, kindhaften Schriftzügen der Titel THE RAVEN stand:

Ein Vogel ist,
den ich vor langen Jahren
bei jenem grauen Turm
in London sah.
Er habe, sagten sie,
zuviel erfahren.
Nun saß er schwarz
und ohne Anteil da.
Doch heißt es,
daß er stumm bei Tag und Nacht
den alten Königsschatz im Turm
bewacht.

Es ist ein Traum,
den ich heut nacht erfahren:
nach allem Leid
lag ich verloren da.
Verloren, sagten sie,
so jung an Jahren:
weil ich den schwarzen Vogel
wiedersah.
Nun weiß ich,
welchen Schatz er stumm bewacht:
ich sah den Turm von innen
in der Nacht.

Nachwort

»Das späte Ich ist ein einsames Ich, auf sich selbst gestellt und nur sich selbst erlebend. Das ist ja das Zeichen seiner extremen Lage. […] Liebe ist das Elysium der Unproduktiven, derer, die nicht denken und Ausdruck schaffen können. Der Extreme in seiner Finallage gibt auch die Liebe nicht mehr ab, er behält sie für sich selbst.«

(Gottfried Benn an Edgar Lohner, 19. 2. 1952)

Am 29. Juni 1954 traf sich Gottfried Benn im Parkhotel in Kassel mit der jungen Literaturwissenschaftlerin Astrid Claes, mit der er zuvor nur einige Briefe über ihre Dissertation zu seinem lyrischen Werk und ihre ihm übersandten Gedichte gewechselt hatte. Der Achtundsechzigjährige, der auf dem Höhepunkt seines späten Ruhms stand, kam aus Bad Wildungen, wo er anläßlich der Hessischen Hochschulwochen seinen 1951 zuerst gehaltenen Vortrag über ›Probleme der Lyrik‹ in gekürzter Form wiederholt hatte, diese Hymne auf *»das absolute Gedicht, das Gedicht ohne Glauben, das Gedicht ohne Hoffnung, das Gedicht an niemanden gerichtet, das Gedicht aus Worten, die Sie faszinierend montieren«*. In Bad Wildungen war er auch zum ersten und einzigen Mal Theodor W. Adorno, seinem Antipoden in Sachen Lyriktheorie, begegnet, dessen Definition des Gedichts als »geschichtsphilosophischer Sonnenuhr« in der ›Rede über Lyrik und Gesellschaft‹ von 1957 die literarische Diskussion der sechziger Jahre in ähnlicher Weise beherrschen sollte, wie seine eigenen ›Probleme der Lyrik‹ die der fünfziger.

Man wüßte gern, was sich der aus dem amerikanischen Exil zurückgekehrte Emigrant Theodor W. Adorno und der

Verfasser der ›Antwort an die literarischen Emigranten‹ von 1933 zu sagen hatten. Ein höchst merkwürdiges Echo dieser Begegnung findet sich in Benns Brief an Friedrich Wilhelm Oelze vom 3. Juli 1954: *»Ich lernte Herrn Adorno kennen, der auch einen Vortrag hielt, ein sehr intelligenter, wenig gut aussehender Jude, aber eben von der Intelligenz, die eigentlich wirklich nur Juden haben, gute Juden. Wir flogen sozusagen auf einander, nur ist er noch sehr ichbezogen, eitel und, im allerdings rechtmäßigen Sinne, geltungsbedürftig.«* Diese Sätze zeugen durchaus von der persönlichen Sympathie Benns für den Frankfurter Philosophen, können sich jedoch auch von einer stereotypen Sichtweise nicht ganz freihalten.

So hatte diese Begegnung denn auch keine weiteren Folgen, wohl aber eine andere, die für den berühmten Lyriker offenbar von weit größerer Bedeutung war. In dem zitierten Brief an Oelze fährt er nämlich fort: *»Nun hätte ich die ganze Sache doch nicht gemacht, wenn ich nicht eine Kombination getroffen hätte: nämlich ein Rendezvous in Kassel mit jener 26jährigen jungen Dame aus Köln, die die grossartige Doctorarbeit über meine Lyrik gemacht hatte, 250 Seiten eine frappante Arbeit.«* Die Erwartungen, mit denen Benn der jungen Frau begegnete, waren ebenfalls nicht frei von Voreingenommenheiten. Astrid Claes, aus Jena kommend, wo sie – ohne daß Benn davon wußte – ihre kleine Tochter besucht hatte, die bei den Großeltern väterlichseits aufwuchs, wurde von ihm – so die spätere Erinnerung der Betroffenen – als *»das mädchenhafteste Mädchen, das ich kenne«*, wahrgenommen. Benn selber schreibt ihr einen Monat nach der Begegnung in Kassel: *»Leben Sie wohl, liebste Astrid. Was machen Ihre grünen Augen, Ihre zarte zarte Gestalt, Ihre 3 Ringe?«* Da hatte sie ihm schon ihre Gedichte zu lesen gegeben, ›The Raven‹, das er als *»schlechthin sehr gut, geradezu verblüffend«* bewertete und ›Der Delphin‹, von dem er schrieb, es sei *»ein ganz* *wunderbares Gedicht, ein unvergleichliches. Ich finde es noch großartiger als ›The Raven‹«.*

In demselben Brief, in dem der Achtundsechzigjährige die *»zarte zarte Gestalt«* der jungen Frau beschwört, ist auch von jener anderen Dichterin die Rede, zu der Benn vor dem Ersten Weltkrieg eine leidenschaftliche Liebesbeziehung unterhalten hatte. Astrid Claes hatte ihn brieflich nach Else Lasker-Schüler gefragt und danach, ob die Gefühle dieser ihre Partner so häufig wechselnden Frau *»echt«* sein könnten. Auf diese reichlich naive Frage geht der Dichter durchaus ernsthaft ein, indem er ihr seine zwei Jahre zuvor gehaltene Erinnerungsrede übersendet, in der er sich selber als den Adressaten der Gedichte an *»Giselheer den Barbaren«* identifiziert. Zugleich bietet er an, ihr den kostbaren, mit der handschriftlichen Widmung *»Giselheer dem Nibelungen von seinem Jussuf zum Abschied«* versehenen Band der ›Gesammelten Gedichte‹ der Lasker-Schüler von 1917 zu schicken. Diese Gabe – denn als solche ist die Sendung gedacht, da er sie nie zurückfordert – macht überdeutlich, daß Benn in der Beziehung zu der mädchenhaften Lyrikerin Astrid Claes eine Wiederholung des Erlebnisses mit seiner früheren Geliebten sucht, die ihren ›Gottfried Benn‹ betitelten Zyklus von Liebesliedern mit dem Kinderreim: *»Der hehre König Giselheer/Stieß mit seinem Lanzenspeer/Mitten in mein Herz«* als Motto geschmückt hatte.

»Wiederholungszwänge« – in ihnen sieht Benn schon früh den Ursprung aller Kunst, ihre leibliche, geradezu biologische Grundlage, die sie mit dem Ausdrucksverlangen aller Kreatur verbindet. In einem Brief an Friedrich Wilhelm Oelze, 1941 mitten im Krieg nach einem Besuch im Berliner Zoo geschrieben, in dem sich ihm das Wort von den *»schauerlichen Wiederholungszwängen«* zum ersten Mal aufdrängt, sieht er schließlich in dem Planeten, der durch den

Menschen *»den neuen Ausweg in die Ausdruckswelt gefunden hatte«*, *»einen sich sehr langsam verfeinernden Gott. Auch er war nicht fertig, […] und der Mensch erlöste ihn eher, als es umgekehrt geschähe, wie es im allgemeinen heißt und gilt.«* Kunst als Erlösung der Welt, die Form *»das Auferstehn«*, wie er im ›Prolog‹ zu seinen 1936 erschienenen ›Ausgewählten Gedichten‹ schrieb, das war seitdem und bis ans Ende sein Artistenevangelium. In demselben Band hat er es in der Schlußstrophe des Gedichts ›Leben – niederer Wahn‹ bündig auf die Formel gebracht: *»Form nur ist Glaube und Tat,/die erst von Händen berührten,/doch dann den Händen entführten/Statuen bergen die Saat.«*

Für Benn – und darin folgt er Friedrich Nietzsches Lehre von der Wiederkehr des Immergleichen – ist auch das Soziale, sind auch die intimen Beziehungen zwischen zwei Menschen den *»Wiederholungszwängen«* der Tierwelt unterworfen; denn nur so kann das Menschliche zugleich Quelle und Ursprung des literarischen Kunstwerks werden. In diesem Sinne erfährt der Dichter 1954 bewußt und erinnernd noch einmal, was ihm vierzig Jahre zuvor in der leidenschaftlichen Beziehung zu der jüdischen Dichterin widerfahren war. *»Wiederholungszwänge«*, antwortet er der jungen Frau in Köln, die ihm ihre ersten Gedichte geschickt hat, auf ihre Frage nach der Lasker-Schüler und charakterisiert damit zugleich sich selbst, *»nur sie ergeben Stil, nur sie führen das Gefühl des Notwendigen und Schicksalauferlegten in einem Werk dem Aufnehmenden zu.«* Deshalb umwirbt er Astrid Claes mit Liebesschmeichelworten und wird zugleich ihr Berater in literarischen Dingen, der nicht nur jedes ihm übersandte Gedicht kommentiert, sondern ihr auch bei seinem Verleger den Weg zu einer ersten selbständigen Publikation ebnet.

Dabei staunt er selber über seine ungewohnte Redseligkeit: *»Was für lange Briefe ich plötzlich schreibe! Ich muss nicht ganz richtig sein. Sähen Sie meinen Schreibtisch: hochgestapelt liegen da die Kouverts mit Briefen u. Manuscripten, ich schiele sie nur an, sie sind mir so sehr lästig, und Ihnen schreibe ich unaufhörlich und endlos lang.«* In der Tat, nach ihrem Treffen in Kassel schreibt er ihr im Juli und August 1954 fast jeden zweiten Tag einen Brief. Anfang Juli konstatiert er, daß *»dies der 4. Brief von mir in einer Woche ist«*. Zusätzlich schickt er an Sonntagen Grüße per Telegramm und läßt Blumen überreichen. Er erkundigt sich nach den Eßgewohnheiten der jungen Frau, gibt ihr Ratschläge für ihre Frisur, möchte wissen, welche Zigarettenmarke sie raucht, Alltagsdinge also, die sie ihm menschlich näher bringen sollen. Dabei legt er das Verhalten eines Kavaliers alter Schule an den Tag, der die Briefpartnerin mit liebenswürdigen, aber etwas angestaubten Floskeln für sich einzunehmen versucht: *»Liebstes Fräulein Astrid, ich muss mit einer Liebeserklärung beginnen; Sie sind das reizendste Wesen, das es überhaupt geben kann«*, und in ähnlicher Weise verabschiedet er sich: *»Handkuss, liebste Astrid. Blick in die grünen Augen. Blick auf den Mund. Ihr Benn.«*

In seiner Frequenz und plötzlich aufbrechenden Intensität war der Briefwechsel mit Astrid Claes zunächst – bis Benn im August 1954 Ursula Ziebarth kennenlernte – sicherlich singulär in seinem späten Briefwerk. Er selbst konstatiert es, auch wenn man seine Erwiderung auf die Klage, daß er in seinen Briefen keine persönliche Anrede gebrauche, für eine nur allzu verständliche Übertreibung halten mag: *»Allerliebste Astrid. Sie sind bestimmt ebenso komisch wie ich: wenn ich Sie nicht anrede, ›könnte der Brief an jeden anderen gerichtet sein‹! Ich muss Ihnen verraten, dass ich solche Briefe wie an Sie überhaupt nicht schreibe, seit 20 oder 30 Jahren sicher keinen Brief an eine Frau geschrieben habe, in dem* *auch nur eine Spur von Zärtlichkeit, Zuneigung, Hingabe enthalten war. Keine Rilkebriefe können je von mir auftauchen. Dies zur Kenntnis, bitte.«* Die Anreden, die er dann vielfach variierend gebraucht und die vom Förmlichen: *»Meine Liebe und Verehrte«* und Gestelzten: *»Liebstes Fräulein Astrid«* übers Vertrauliche: *»Meine Liebe«* und *»Mein Liebling«* und Herablassende: *»Liebe, kleine, kluge Astrid«* bis zum Heiter – Ironischen: *»Liebes Davidchen«* reichen und am Ende wieder ins quasi Neutrale: *»Liebe Astrid Claes«* einmünden, zeichnen auf ihre Weise Nähe und Ferne der ungleichen Briefpartner nach.

Die junge Frau aber – und das ist das Erstaunliche – entzieht sich bei aller Bewunderung für den berühmten Dichter seiner Werbung. Sie versucht, den Briefwechsel auf die literarischen Dinge zu konzentrieren, – ihre Gedichte habe sie ihm *»bedingungslos geschenkt«*, wie sie ihm am 6. Juli 1954 mitteilt, aber an ihrem Leben, an ihrem Umgang mit ihrem akademischen Lehrer Richard Alewyn und ihren Freunden Rainer Gruenter und Edgar Lohner läßt sie ihn kaum teilhaben. Sie legt ihre strengen, ja unerbittlichen ästhetischen und moralischen Maßstäbe an sein Leben und Werk an, so daß er verwundert anmerkt: *»Wie Sie mit mir reden! Stellen mich zur Rede!«* Auch die persönliche Beziehung ist von dieser Zurückhaltung ihrerseits geprägt. In ihren Briefen erwähnt sie einmal entschuldigend eine Ungeschicklichkeit, die ihr bei ihrer ersten Begegnung unterlaufen sei. In ihrer autobiographischen Erzählung ›Gin‹ heißt es genauer: *»Auf dem dämmrigen Flur zwischen ihrem Zimmer und dem kleinen Bad kam ihm Corinna entgegen. ›Hallo, Herr Doktor!‹ rief sie leichthin. Ihre Hände hielt sie auf dem Rücken.«* Diese Geste der Verweigerung, die den Beginn ihrer Bekanntschaft markiert, ist symptomatisch für die Distanziertheit, die ihr Verhalten dem alten Mann gegenüber charakterisiert und die sie knapp vier Wochen nach dem Treffen in Kassel in ihrem Brief vom 16. August 1954 mit Bezug auf Benns Lektüre des Manuskripts von ›Gin‹ und seine Anspielungen auf die darin eingelegte fiktionale Liebesgeschichte offen ausspricht: *»Ich habe auch den Eindruck als hätte ›Gin‹ allerlei Blödsinn gestiftet. Sie trauen mir wohl alles zu, was? Nochmals, ich küsse niemanden irgendwo auf der Welt, geschweige sonst was, und damit Schluss. –«*

In ihrer Konzentration auf literarische Fragen blenden die Briefe der Astrid Claes ihre Herkunftsfamilie ebenso aus wie ihre Tochter Undine, über die sie aus Rücksichtnahme auf ihren Freund, den vor der Habilitation stehenden Vater des Kindes, vor der Welt und vor Benn schweigt. Statt dessen werden in der geistigen Liebesbeziehung zu dem bewunderten Dichter ihre literarischen Texte zu Kindern, die sie dem neugefundenen Vater schenkt und deren Wohlergehen sie ihm anvertraut. Benn nimmt diese Aufgabe ernst. Er beantwortet geduldig und mit der Nachsicht des Weisen ihre Fragen, die den Literaturbetrieb betreffen, und gibt ihr wohlmeinende Ratschläge für ihre literarische Karriere. In manchen seiner Briefe kritisiert und verbessert er in den Gedichten der Debütantin einzelne Worte und Zeilen und vermittelt ihr schließlich den Kontakt zu der Zeitschrift ›Akzente‹ und zum Limes Verlag. In diesem Sinne sind die Briefe an Astrid Claes eine veritable Schule für die junge Dichterin.

Dabei aber gerät ihm das Ziel seines eigenen Liebesprojekts mehr und mehr aus den Augen, bis er sich schließlich heillos in die Ambivalenz der Situation verstrickt sieht. Vier Wochen nach dem Treffen in Kassel formuliert er im Brief vom 25. Juli 1954 seine Verunsicherung ganz offen: *»Unsere Beziehungen sind von einer gewissen Zwiespältigkeit für mich. Nämlich: sind Sie eine Frau, also eine Liebespartnerin, stehe ich*

Ihnen anders gegenüber, als wenn Sie ein feines Herz sind, eine Dichterin, eine Gespielin, die nicht isst, nicht trinkt, nicht schläft, sich ihr goldenes Haar mit einem diamantenen Kamm am hohen Turmfenster kämmt. Im ersteren Fall werden Sie behandelt wie eine Frau, d.h. sehr nett, aber etwas bestimmend und etwas beobachtend, in der Liebe steht alles 50:50 u. alles geht auf eigenes Risiko, gibt es Schwierigkeiten, die dem einen nicht zusagen, trennt man sich. Man liegt vor einer Frau nicht Tag und Nacht auf den Knieen u. murmelt zu ihr Gebete empor, eine Frau ist ein Gegenstand. Im anderen Fall werden Sie zarter, ergriffener, auch mit weiteren Blicken in Zukunft u. Räume behandelt – also was sind Sie?« Sie ist über diese offenen Worte empört, protestiert, erinnert an seine höfliche, zuvorkommende Behandlung ihrer Person in Kassel. Er setzt provozierend im nächsten Brief noch eins drauf, indem er behauptet, seine ironische Reflexion sei *»die grösste Hymne an die Frau, je von einem Mann ersonnen. Es gibt nämlich Gegenstände aus Porzellan, Ming-Porzellan, unbezahlbare, im Ansehn schön u. beim Berühren«.*

Beide Qualifikationen der Frau durch Benn, die der Dichterin als eines Märchenkinds und die der Frau als eines Gegenstands aus Ming-Porzellan, sind von einem tiefen Unernst gezeichnet. Im Grunde mag Benn die Frauen nicht als gleichberechtigt anerkennen. Im Juli 1954, nach einem Besuch bei seinem Freund Oelze in Bremen, wo er die Witwe Rudolf Borchardts kennengelernt hat, teilt er seiner jungen Briefpartnerin die Beobachtung mit: *»Doch erstaunlich, wie eine Frau, die mit einem bedeutenden Mann ihr Leben verbracht hat, unverkennbar in die Höhe kommt und zu Urteilen gelangt.«* In seinem Nachwort zu den ›Ausgewählten Briefen‹ hatte Max Rychner 1957 Benns Haltung beschönigend kommentiert: *»In den Briefen an eine junge Dichterin* [d.i. Astrid Claes] *ersieht es sich, wie seinen überstirnten Weg auch spät noch Feuer umzuckten und umspielten und ihn nicht* *ganz unentzündet durchließen, mochte er auch im Schutze seiner Lehre von der Finallage und ihren Erfordernissen der Selbstbewahrung dahinschreiten.«* Diese romantisierende Verklärung geht an dem historischen Ursprung von Benns Selbststilisierung vorbei und verfälscht damit ihre eigentliche Bedeutung.

Die Geste heroischer Unnahbarkeit, mit der Benn sich zu den wenigen großen Männern zählt, die leiden und produktiv sind und mit der er zugleich die große Masse wie die Frauen aus dem Kreis der Produktiven ausschließt, stammt aus der Zeit der politischen Ernüchterung nach dem mißglückten Engagement für den nationalsozialistischen Staat. Als Benn sich in der Mitte der dreißiger Jahre auf die neoklassizistische Position zurückzog, die er selbst bezeichnenderweise als *»dorische Welt«* charakterisierte, hatte er den Taumel und die Begeisterung, die seine Essays aus dem Jahr 1933 prägten, schon hinter sich gelassen, jene Absage an *»Großstadt, Industrialismus, Intellektualismus, alle Schatten, die das Zeitalter über meine Gedanken warf«*, wie er in der ›Antwort an die literarischen Emigranten‹ formuliert hatte, und ebenso jene dort verkündete Identifizierung mit dem *»neuen Staat«*: *»Volksgemeinschaft in Deutschland ist kein leerer Wahn«*, und die dazu gehörige Anbiederung an den Ungeist der Zeit: *»es gibt Augenblicke, wo dies ganze gequälte Leben versinkt, und nichts ist da als die Ebene, die weite, Jahreszeiten, Erde, einfache Worte –: Volk«*. Nach der Enttäuschung durch die Politik der Nationalsozialisten hatte er sich auf die Position eines pathetischen Heroismus zurückgezogen, wie er die Schlußzeilen eines schon im August 1933 geschriebenen, in seinen Briefen immmer wieder zitierten und auch in die endgültige Sammlung von 1956 aufgenommenen Gedichts prägt: *»schweigen und walten,/ wissend, daß sie zerfällt,/dennoch die Schwerter halten/vor die Stunde der Welt.«*

Der Rückzug aus den Händeln der Welt ins Leiden und Schweigen, die Hinwendung zum Klassizismus der *»dorischen Welt«*, und das tragische Pathos des großen Mannes, den er in diesem ›Mann –‹ betitelten Gedicht als *»du Alles auf Erden«* apostrophiert, sind nur verschiedene Symptome ein- und desselben ideologischen Syndroms. Die Desillusionierung und die daraus resultierende Verachtung alles Politischen erweisen sich als ihr gemeinsamer Nenner. Sie prägen Benns Schreiben und Denken bis in seine späten Jahre.

Mit der Feinfühligkeit der Liebenden erahnt Astrid Claes Benns ideologisch bedingte Unnahbarkeit, ist sich bald darüber im Klaren, daß seine Ausführungen nichts anderes als Abwehrreaktionen sind. *»Aber sie wollen ja nichts, weder Gegenstände noch menschliche Abarten von ›Gegenständen‹, kostbare Porzellansachen zum Anrühren ... Böser stolzer Mann, immer von Furcht geplagt, sich zu verpflichten«*, schreibt sie ihm am 16. 8. 1954, also noch in der ersten Phase ihrer Bekanntschaft. Zwei Monate später formuliert sie resignierend ihr Resümee: *»Wenn wir, wie sich zeigte, von einer wichtigen Sache sehr verschiedene Auffassungen hatten, so bleibt mir nichts anderes zu tun, als Ihre Auffassung zu respektieren und gemäss meiner mein Leben zu führen.«* Was nun noch bleibt, ist das Gespräch über Texte, in dem er lobend und einzelne Worte und Zeilen bessernd die junge Autorin zu beraten sucht.

Trotz aller literarischen Beschwörung von Einsamkeit und weiser Distanz zum Leben vermag der Dichter den *»Wiederholungszwängen«*, die sein Leben bestimmen, nicht zu entfliehen. Während die junge Frau hellsichtig und mit großer Reife die Beziehung zu ihm zu retten sucht, stürzt er sich bei seinen Besuchen im August und September 1954 in Bremen und Worpswede in eine neue erotische Eskapade, *»wildert«*, wie er das einmal in seinen Briefen an den Vertrauten Friedrich Wilhelm Oelze nennt. In seiner Perspektive verschmelzen die beiden so verschiedenartigen jungen Frauen zu einer Figur. In der ›Notiz über Frauen und Liebe‹ vom 19. August [1954] wird das erotische Erlebnis in Worpswede mit der platonischen Liebe zu der jungen Kölnerin überblendet. Benn zitiert in dieser Aufzeichnung wörtlich seine Boutade über die Frau als Gegenstand, mit der er einen Monat zuvor Astrid Claes provoziert hatte, und zieht daraus ironisch den optimistischen Schluß: *»Man belebt sich, sieht in die Zukunft, steigt aus seinem Maulwurfsgang. Was gibt es denn eigentlich sonst noch?«*

Dann begeht der alte Routinier – *»einteilen muß man es sich u. organisieren, auch in der Liebe«*, schreibt er im März 1955 in diesem Zusammenhang an Oelze – den Fehler, die Sorge für die Worpswederin, als sie ihm lästig wird, der anderen Geliebten anzudienen. Obwohl Astrid Claes zunächst sich großzügig dafür einsetzt, daß die Rivalin ihre Stelle im Kölner Winkler-Verlag übernehmen kann, beschädigen die aus diesem Schachzug entstandenen Mißverständnisse und Verdächtigungen das Verhältnis zu der jungen Dichterin schwer. In ihrer Kritik seines letzten Gedichtbandes ›Apèslude‹ im September 1955 hält sie dem zuvor so bewunderten großen alten Mann seine eigenen ästhetischen und moralischen Maßstäbe vor. So steht am Ende dieser Geschichte ein Satyrspiel: Benn sucht im November 1955 bei seinem Aufenthalt in Köln Astrid Claes mit einem Veilchenstrauß in ihrem möblierten Zimmer auf. Sie aber hat sich vor ihrem früheren Idol in die Universität geflüchtet. Am Abend, als er sie im vornehmen Domhotel zum Essen eingeladen hat, erscheint sie mit ihrem Freund Rainer Gruenter und erzählt ihm von ihrer Tochter Undine. Später erinnert sie sich, die Unterhaltung sei *»nicht nur* *wegen der sehr unterschiedlichen literarischen Standpunkte der beiden Männer spannungsgeladen«* verlaufen.

Der alte Dichter und das junge Mädchen, spätestens seit Goethes ›Marienbader Elegie‹ ist das ein von Lächerlichkeit nicht ganz freies tragisches Motiv der Weltliteratur. Benn war die Ahnung der Vergeblichkeit dieser Beziehung allerdings von Anfang an gegenwärtig. Schon am 3. Juli 1954, also kurz nach der Kasseler Begegnung, schreibt er ihr: *»Ich bin viel morbider, als ich vielleicht aussehe u. vielleicht auch auf sie wirkte. Eigentlich ist Alles längst zu Ende.«* Und am 8. Juli 1955, als er ihr ankündigen kann, daß sein Verleger ihre Gedichte herausbringen will, heißt es mit grimmigem Humor: *»Moriturus te saluto, Astrid.«* Sein letzter Gruß, auf eine vorgedruckte Danksagungskarte für die Glückwünsche zu seinem siebzigsten Geburtstag geschrieben, spricht noch einmal seine Bewunderung für die literarische Begabung der jungen Frau aus: *»Las Gin wieder. Grossartige Raffinements darin, unverständlich tiefsinnige.«* Der Todkranke begleitet diese Erinnerung mit einer rührenden Geste der Sorge: *»Wie muß man Sie schonen und schützen«* und endet mit einem Winken wie aus weiter Ferne: *»For ever: Gottfr. Benn.«*

Literarisch hatte er schon vorher Bilanz gezogen. In dem Brief vom 16. März 1955, in dem er Friedrich Wilhelm Oelze sein Arrangement mit den beiden Frauen anvertraut, schließt er mit der Bemerkung: *»Damit Sie aber sehen, dass ich wieder bei mir selbst u bei mir allein gelandet bin, alleiner als je, beifolgende Anlage: ›Tristesse‹, aus den letzten Zeiten.«* Das großartige Gedicht, wenig später in dem von Astrid Claes so heftig kritisierten Band ›Aprèslude‹ veröffentlicht, ist eine Beschwörung der Toten. *»Die Schatten wandeln nicht nur in den Hainen,/davor die Asphodelenwiese liegt,/sie wandeln unter uns und schon in deinen/Umarmungen, wenn noch* *der Traum dich wiegt.«* Diese Zeilen sind durchtränkt von der Trauer über die Vergeblichkeit der Liebe. Sie führen zugleich die Erkenntnis mit sich, daß Schreiben Abwendung vom Leben bedeutet, aber dadurch auch das Gedächtnis der Toten rettet. In diesem Kontext hat endlich auch die unaufhebbare Einsamkeit des Menschen, die die Gedichte aus den dreißiger Jahren so martialisch und mit falschem Pathos beschwören, ihren berechtigten Ausdruck gefunden. ›Tristesse‹ endet mit den Zeilen: *»Und dann November, Einsamkeit, Tristesse,/Grab oder Stock, der den Gelähmten trägt –/die Himmel segnen nicht, nur die Zypresse,/der Trauerbaum, steht groß und unbewegt.«* Als Unregelmäßigkeit in der sonst so melodischen Strophe ist der unmögliche Reim *»Tristesse« – »Zypresse«* stehen geblieben, ein Zeichen dafür, daß auch die Schrift nicht endgültig zu retten vermag.

PERSONENREGISTER

Die *kursiv* gesetzten Seitenzahlen beziehen sich auf den Anhang.

Inhalt

Klett-Cotta

Printed in Germany
Schutzumschlag: Klett-Cotta Design
Satz: Hahn Medien GmbH, Kornwestheim
Auf säure- und holzfreiem Werkdruckpapier gedruckt
von Gutmann, Talheim
In Fadenheftung gebunden von Lachenmaier, Reutlingen
ISBN 3-608-93804-4